reduce.

gasto **WITHDRAWN**

recicla

en la cocina

reutiliza

lo que to sobra

D1384702

«Cuando mi madre nos daba el pan repartía amor».

Joël Robuchon

A nuestros hijos:
Telmo, Elísabeth, Beatriz y Onintza

reduce
gasto

recicla
en la cocina

reutiliza
lo que te sobra

Pepa Chacón

Elísabet G. de Chávarri

everest

Dirección editorial: Raquel López Varela
Coordinación editorial: Ángeles Llamazares Álvarez
Maquetación: Carmen García Rodríguez
Diseño de cubierta e interiores: Darrell Smith
Ilustraciones: Darrell Smith

© Pepa Chacón, Elísabet G. de Chávarri
y EDITORIAL EVEREST, S. A.
Carretera León-La Coruña, km 5
ISBN: 978-84-441-2164-2
Depósito legal: LE. 933-2013
Printed in Spain - Impreso en España

EDITORIAL EVERGRÁFICAS, S. L.
Carretera León-La Coruña, km 5
LEÓN (España)
Atención al cliente: 902 123 400

Abreviaturas

cs = cucharada sopera
ct = cucharadita de té
g = gramos
kg = kilogramos
l = litros
ml = mililitros

índice general

prólogo

En las casas occidentales la cocina ocupa un lugar primordial. Comparándolas con las de nuestros antepasados estas estancias han cambiado mucho estética y funcionalmente, pero en ellas se sigue elaborando un cosmos de guisos, fritos, asados, ensaladas y postres heredados de una tradición ligada a los productos de la tierra, el mar y el clima que nos envuelve.

Nuestras abuelas primero, y después nuestras madres, poseían la sabiduría para cocinar platos sabrosos, sanos y estupendos en función de los ingredientes que tenían a su disposición según la época del año. Su manera de preparar las recetas abarcaba varias posibilidades, porque no solo pensaban en lo que se iba a almorzar o cenar aquel día, sino que también habían meditado en cómo reutilizar los restos de comida sobrantes. Nada se desperdiciaba. Muy pocas cosas iban a parar al cubo de la basura, sobre todo porque en su manera de cocinar se reducían al mínimo los desperdicios y se volvían a utilizar los alimentos.

Recuerdo que, cuando éramos niños, se nos decía que tirar la comida era poco menos que un delito. Con aquella creencia, si en el patio de la escuela nos sobraba parte del bocadillo, antes de deshacernos de él lo compartíamos con los compañeros; y si no quedaba otro remedio, tirábamos el mendrugo después de darle un beso para sentirnos menos culpables.

La filosofía de este libro se centra en un hábito que casi hemos olvidado: REUTILIZAR; es decir, «volver a usar». No claudicar ante la falta de tiempo y de imaginación, y otorgar de nuevo el protagonismo a ese alimento que, después de haber sido cocinado, puede adquirir una nueva vida sobre el plato.

Mientras que en Europa, y principalmente en los países latinos, la costumbre estadounidense de llevarse las sobras de la comida celebrada en un restaurante estaba mal vista —ya sea una porción de *pizza*, un pedazo de carne o una pieza de pescado—, son muchos los establecimientos españoles que empiezan a adquirir esta costumbre de preparar una bandeja en la que los clientes se llevan a casa lo que no han consumido; incluso el vino restante de la botella. Sacudirnos este complejo de suficiencia económica supone un ahorro de dinero, de energía, de esfuerzo y, lo más importante, como personas ganamos en altura moral, ya que dejamos de derrochar, de contaminar y de actuar como nuevos ricos.

En el mundo se generan anualmente unos 4000 millones de toneladas de alimentos, de los que casi la mitad nunca llega a nuestros platos porque han caducado en las estanterías, se han deteriorado en los almacenes o, lisa y llanamente, los hemos tirado a la basura al perder su buena apariencia. Estas perniciosas costumbres deben corregirse urgentemente, y más en un planeta donde 1000 millones de personas padecen desnutrición e incluso mueren por causa de las hambrunas, principalmente niños y ancianos.

Más que un libro de recetas, lo que tienen en sus manos es un manual de cocina donde encontrarán numerosas y variadas fórmulas para seguir disfrutando de la doble e incluso triple vida de los alimentos. La cocina mediterránea, que se ha revelado como fuente de longevidad y calidad de vida, se verá así potenciada. Con las premisas aquí contenidas ya habremos dado los primeros pasos para luchar contra las nocivas prácticas agrícolas, el deficiente almacenamiento, los problemas de logística y transporte, así como el negativo hábito de comprar, mediante ofertas y promociones, alimentos que no necesitamos y que, en la mayoría de los casos, acaban caducando o perdiendo muchas o parte de sus propiedades.

Nunca antes nuestras cocinas habían reunido condiciones tan perfectas para conservar, congelar, mantener y aprovechar los alimentos, ya estén cocinados o no. ¿Se imaginan qué sería de una casa sin frigorífico? Es imposible de concebir, porque en nuestra sociedad urbana actual no disponemos de tiempo para realizar la compra cada día ni tampoco contamos con una huerta o una granja familiar.

Añadir, por último, que el simple hecho de comprar redactando una lista de lo que en verdad necesitamos –contando con los productos que ya tenemos en la despensa y en la nevera– nos convertirá en consumidores más responsables y nos dispondrá a reutilizar en nuestra cocina, no solo los alimentos, sino también la sabiduría, la intuición, la belleza y el amor que nuestras madres y abuelas usaban también como ingredientes en el momento sagrado de ponerse a cocinar.

Joaquín Martín Gordon,
Periodista

introducción

Todos somos conscientes de que el ritmo de vida moderna, especialmente en las ciudades, determina el tiempo que podemos dedicar a nuestras actividades cotidianas y repercute, entre otras, en el tiempo que dedicamos a la compra. Así, cada vez concentramos más la compra; muchas veces compramos un día a la semana y, en consecuencia, tendemos a adquirir más alimentos de los que necesitamos. Otras veces, somos demasiado optimistas respecto al tiempo que vamos a disponer para preparar esos alimentos.

El resultado es que a menudo la comida se nos estropea antes de cocinarla, o se nos olvida ese pollo que sobró y que ha estado una semana en el frigorífico. Es verdad que estamos acostumbrados a esta sociedad consumista, y hemos dejado de valorar la comida como hacían nuestros abuelos; y, simplemente, si sobra algo después de comer, pues lo tiramos y ya está. La consecuencia es que cada vez se tiran a la basura más alimentos, desde los propios productores hasta los supermercados y, también, en casa. Evitarlo, o al menos reducirlo, está en manos de todos.

A nivel particular, muchos nos planteamos qué podemos hacer para lograr un consumo responsable. El primer paso es no comprar más de lo que necesitamos: se tercia una correcta planificación de la lista de la compra. Podemos seguir con una adecuada organización de nuestra despensa, manteniéndola en orden, colocando delante los productos de caducidad más próxima, etcétera.

Pero el punto donde queremos incidir, y el objetivo de este libro de recetas, es el de saber aprovechar y reutilizar la comida que preparamos y no nos comemos en su totalidad. Dicho en castellano: las «sobras». Siempre ha sido un recurso cotidiano en la cultura popular hasta épocas recientes, y no nos queda más que reconocer que generaciones anteriores han practicado un consumo responsable, en parte por necesidad, pero también por educación. Nuestras madres y abuelas eran expertas en preparar platos estupendos a partir de las sobras. Vamos a procurar imitarlas, porque nos va a permitir ahorrar tiempo y dinero, y, con ello, contribuir a la consecución de un mundo más sostenible.

Este libro está concebido como un recurso para aprovechar la comida que nos ha sobrado en la elaboración de otros platos. No es, por lo tanto, un libro de recetas al uso. Las cantidades que se indican son siempre aproximadas, ya que estarán en función de la cuantía de alimento que vayamos a reutilizar, que a su vez puede ser muy variable. Como norma general, hemos considerado que sobra al menos una ración del alimento en cuestión para aprovechar en la elaboración de una nueva receta. En definitiva, el sentido común nos va a indicar si tenemos suficiente comida para elaborar un nuevo plato; y, en función de su cantidad, ajustaremos el resto de ingredientes.

Por otra parte, al cocinar con ingredientes previamente cocinados, no podemos olvidar unas mínimas consideraciones higiénicas:

- La comida sobrante ha de refrigerarse cuanto antes.

- En el frigorífico, debe evitarse que la comida cocinada entre en contacto con alimentos crudos.

- Es conveniente utilizarla al día siguiente, sin dejarla olvidada en un rincón del frigorífico.

- Hay que recalentarla bien en la siguiente receta, si bien no se necesita incrementar el tiempo de cocción al estar ya cocinada.

- Si tras elaborar una receta con alimento sobrante vuelve a sobrar algo, lo mejor es desecharlo.

espinacas

tartaletas de pisto

champiñ

as de verduras

coliflo

días verdes

verduras y hortalizas

El consumo diario de verduras y hortalizas, junto con el de frutas, es uno de los pilares de la tan afamada dieta mediterránea, por lo que no deben faltar nunca en casa. Las hortalizas son alimentos con un elevado contenido en agua y bajo aporte calórico, ricas en vitaminas, minerales y fibra, que no aportan grasas.

Estas características las hacen altamente recomendables en la dieta diaria, de forma que –junto con las frutas– se aconseja una ingesta total de cinco raciones al día. En España cumplimos con estos niveles de consumo recomendados por la Organización Mundial de la Salud (OMS).

Además, las hortalizas incluyen sustancias bioactivas, como los antioxidantes, que han demostrado efectos beneficiosos y protectores sobre la salud. La presencia de antioxidantes está estrechamente vinculada al color, y cada uno de ellos corresponde a un compuesto o sustancia diferente: naranja a carotenoides (calabaza, zanahoria), rojo al licopeno (tomate) y verde a la clorofila (acelgas, espinacas).

Por todo ello, para aprovechar estos efectos saludables de frutas y hortalizas hay que diversificar el consumo según los distintos colores. Además, cuanto más color tengan, mayor será el contenido en antioxidantes y polifenoles.

Un problema frecuente es que –por falta de tiempo– estos alimentos se suelen estropear sin haberlos cocinado, lo que unido al hecho de que mantenemos la idea de producto «barato», hace que los tiremos a la basura con más alegría de la que deberíamos. Es con diferencia el grupo de alimentos que más se desperdicia, alcanzando el 40 % del total de los desechados. Tenemos que tomar conciencia de que los consumidores somos, en último término, los principales responsables de este despilfarro alimentario. Unas interesantes recomendaciones para evitar semejante contribución son:

- No ser tan estrictos en la exigencia del aspecto externo de los productos frescos: el que tengan mayor calibre, que todas las

...para aprovechar estos efectos saludables de frutas y hortalizas hay que diversificar el consumo según los distintos colores.

piezas sean del mismo tamaño o que la superficie esté perfecta y sin manchas, no mejora el producto ni sus características organolépticas, pero sí provoca el desperdicio de miles de toneladas de alimentos en buen estado que descartamos tan solo por «feos».

- Comprar siempre que se pueda productos locales o de nuestra zona: serán más frescos y naturales, y no han tenido que soportar los rigores y las condiciones de largos viajes. Si no encontramos productos propios de la tierra, lo mejor es seleccionar aquellos producidos en nuestro país frente a los provenientes del extranjero.

- Estos productos de temporada de nuestra localidad suelen ser más económicos, más naturales y saludables y, normalmente, de productores locales.

- Comprar siempre productos con el mínimo embalaje: evitaremos así el uso de materiales y materias primas que apenas se reciclan,

como las usuales bandejas de poliestireno (las de tipo «corcho» blanco).

Si podemos, es preferible consumir productos artesanos y con denominación de origen: estos alimentos son garantía de calidad tanto en lo que se refiere a su procedencia y composición, como en su manipulación y transporte.

En casa, siempre hay formas de aprovechar las verduras que van quedando en el frigorífico, y, también, los restos de los guisos, que pueden transformarse en un simple pero saludable puré de verduras o utilizarse en recetas un poquito más elaboradas. En cualquier caso, alimentos que serán mucho más saludables y naturales que los precocinados.

...siempre hay formas de aprovechar las verduras que van quedando en el frigorífico.

verduras y hortalizas

Acelgas o espinacas

Empanadillas vegetarianas

Ingredientes

- Acelgas o espinacas
- Masa para empanadillas
- Piñones
- 1 diente de ajo
- 1 cebolla
- 1 cs de harina
- 200 ml de leche
- Aceite, sal, pimienta, nuez moscada

Elaboración

Ponemos en una sartén el ajo picado y la cebolla. Cuando estén pochados, añadimos los piñones y, enseguida, acompañamos la verdura.

Después de rehogar un momento, agregamos la harina y removemos hasta incorporarla. Vertemos la leche poco a poco, sin dejar de mezclar, hasta ligar como una besamel. Dejamos enfriar.

Preparamos las empanadillas colocando una cucharada de relleno en cada una. Las cerramos y pintamos con huevo batido y, por último, las horneamos durante 10 minutos a 180 °C.

Sugerencia: Se pueden freír en aceite bien caliente, sin pintarlas con huevo.

reduce recicla reutiliza

Hojaldritos con queso y piñones

Ingredientes

- Acelgas o espinacas cocidas
- Masa de hojaldre congelada
- Tomate frito
- Piñones
- Queso de cabra

Elaboración

Precalentamos en primer lugar el horno a 200 °C.

Extendemos la masa de hojaldre y la cortamos en cuadrados, doblando un poco los bordes (1 cm).

En la base ponemos una cucharada de tomate frito, incorporamos las acelgas y cubrimos con unos piñones y el queso de cabra troceado.

¿Sabías que...?
Para conservar el tomate triturado por más tiempo y en perfecto estado, debes ponerlo en un tarro de cristal y cubrirlo con un buen chorro de aceite de oliva. ¡Lo tapas bien y a la nevera!

verduras y hortalizas

16

Acelgas o espinacas

Revuelto de patatas y acelgas

Ingredientes

- 1 ración de acelgas
- 2 patatas
- 4 huevos
- Aceite y sal

Elaboración

Freímos las patatas como para una tortilla y escurrimos bien de aceite.

Batimos los huevos aparte, añadimos la verdura troceada y escurrida y echamos también las patatas. Sazonamos de sal al gusto.

Dejamos caer un hilo de aceite en una sartén antiadherente y, una vez caliente, volcamos en ella la mezcla; luego, sin dejar de remover, la retiramos todavía jugosa.

¡Sabías que...?
Si te quedan patatas peladas, tienes que guardarlas en la nevera cubiertas de agua; así evitarás que se oxiden y se pongan negras.

reduce recicla reutiliza

Pastel de calabacín y queso

Ingredientes

- 2 calabacines
- 6 lonchas de pavo
- 6 lonchas de queso
- 2 huevos
- 100 g de harina
- Aceite
- Sal

¡Sabías que...?

Para conseguir que el calabacín cocido quede al dente, hay que echarlo cuando el agua esté hirviendo. En cuanto rompa el agua a hervir de nuevo, lo retiramos inmediatamente.

Elaboración

Lavamos y cortamos los calabacines en rodajas (extraemos las puntas) y les echamos la sal.

Colocamos los huevos batidos en un recipiente, y en otro aparte ponemos la harina.

Preparamos una sartén con abundante aceite y, una vez caliente, vamos pasando las rodajas de calabacín primero por la harina y después por el huevo; así rebozadas, las vamos friendo. Cuando se muestren doraditas, las apartamos y dejamos sobre papel absorbente.

Mientras se enfrían un poco, ponemos a calentar el horno a 180 °C.

Untamos el recipiente donde vamos a hacer el pastel con un poco de aceite y cubrimos su fondo con una capa del calabacín previamente frito, disponemos encima cuatro lonchas de pavo y, luego, cuatro lonchas más de queso; volvemos a poner otra capa de calabacín, otra de pavo y otra de queso y, por último, rematamos con otra de calabacín y rociamos con queso rallado para fundir.

Lo llevamos al horno durante 8 minutos (en el centro). Si el queso no se ha fundido, gratinamos durante 2 minutos... ¡y listo!

verduras y hortalizas

Calabacín

Puré de calabacín

Ingredientes

- Calabacín
- 1 patata grande
- 1 cebolla mediana
- Leche
- 3 quesitos
- Aceite
- Sal y nuez moscada

Elaboración

Picamos la cebolla y la rehogamos en una cacerola con un chorrito de aceite. Cortamos el calabacín y la patata en trozos y los añadimos; removemos un par de minutos. Vertemos un vaso de agua, lo tapamos y dejamos cocer durante 10-15 minutos.

Pasamos por la batidora junto con los quesitos y la leche.

Sazonamos con sal y nuez moscada al gusto.

Sugerencia: Se puede servir caliente con picatostes o champiñones salteados. También, bien frío, con una cucharada de yogur griego natural y un toque de finas hierbas.

'Minipizzas' de champiñones

Ingredientes

- 1 ración de champiñones
- 4 bases de 'pizza' pequeñas
- Tomate frito
- 2 salchichas de Fráncfort
- Queso 'mozzarella'
- Orégano

Elaboración

Precalentamos primeramente el horno a 200 ºC.

Sobre las bases de *pizza* extendemos una capa de tomate frito, sobre ellas a su vez los champiñones y, luego, las salchichas troceadas. Recubrimos con el queso y horneamos 20 o 30 minutos, en función del tipo de base.

Al servir, espolvoreamos de orégano.

Sugerencia:
Si no se dispone de base de *pizza*, rápidamente se pueden hacer unas individuales con pan de molde, que se aplasta en todas direcciones con un rodillo y se utiliza como cualquier otra base.

Champiñones o setas

Revuelto de champiñones con virutas de jamón

Ingredientes

- Champiñones salteados
- Virutas de jamón
- Huevos
- Aceite, sal, pimienta y orégano

Elaboración

Batimos los huevos y les agregamos los champiñones troceados y sin salsa. Salamos al gusto (poco, que lleva jamón).

Salteamos mínimamente el jamón, cortado en tacos, en una sartén con una gota de aceite. Lo incorporamos luego a la mezcla anterior.

Vertemos aceite en otra sartén antiadherente y, cuando esté caliente, cuajamos a fuego medio sin parar de remover.

¿Sabías que...?

Los champiñones tienen muy bajo poder calórico y son muy nutritivos, por lo que pueden tomarse en crudo acompañando cualquier tipo de ensalada.

reduce recicla reutiliza

Champiñones o setas

Salsa a la pimienta con champiñones

Ingredientes

- 1 ración de champiñones salteados
- 1 cebolla grande
- 1 ct de pimienta molida
- 12 granos de pimienta de colores
- 100 ml de nata líquida
- 1 vasito de oporto
- Aceite y sal

Elaboración

Muy picadita, pochamos la cebolla en una sartén con un poco de aceite. Añadimos los champiñones y una pastilla de caldo de carne. Removemos.

Ponemos la pimienta molida y el oporto. Sazonamos con sal al gusto. Dejamos que se consuma un poco el oporto e incorporamos la nata. Removemos bien y apartamos del fuego.

Pasamos por la batidora y dejamos de nuevo a fuego muy lento. Aliñamos con la pimienta en grano... ¡y lista para servir!

Sugerencia:
Esta salsa es ideal para acompañar cualquier tipo de carne a la plancha y al horno.

verduras y hortalizas

Tartines de champiñones

Ingredientes

- Champiñones salteados
- 4 rebanadas de pan tipo payés
- 4 lonchas de jamón de York
- Queso suave ('mozzarela' o mahón)
- Romero
- Aceite y sal

Elaboración

Precalentamos primero el horno a 200 °C.

Sobre cada rebanada de pan rociamos un poco de aceite y encima ponemos una loncha de jamón cocido, los champiñones y una loncha de queso.

Espolvoreamos de romero y gratinamos durante 5-10 minutos.

Sugerencia: Si se añade una cucharada de tomate frito a la rebanada de pan, te quedará más sabroso.

Crema de brócoli

Ingredientes

- 1 ración de brócoli y patata
- 200 ml de nata
- 200 ml de leche
- Pan para picatostes
- Aceite, sal y pimienta

Elaboración

Hacemos un puré con el brócoli, las patatas, la leche y la nata. Lo vertemos luego en una cazuela y ponemos a calentar a fuego suave. Salpimentamos y le damos un hervor sin dejar de remover.

Cortamos el pan en dados, los freímos en aceite caliente con cuidado de que no se quemen y los vamos colocando sobre papel absorbente.

Servimos la crema con los picatostes.

¡Sabías que...?

Si cueces la coliflor con unos trozos de manzana, evitarás el mal olor que esta verdura desprende.

Crema de coliflor con calabaza

Ingredientes

- Coliflor
- 200 g de calabaza
- 1 cebolla
- 60 g de mantequilla
- 150 ml de leche
- Queso rallado
- Rebanada de pan
- Sal y pimienta

Elaboración

Ponemos en una cazuela la cebolla picada con la mantequilla y rehogamos. Incorporamos también la calabaza en trozos, junto con la leche, y hervimos unos 10 minutos a fuego medio. Agregamos la coliflor, salpimentamos y, pasados 2 minutos, retiramos del fuego y llevamos a la batidora.

Llenamos con la crema unos cuencos, acompañamos cada uno con una rebanada de pan recubierta por encima de queso rallado y gratinamos hasta que el queso esté dorado.

Sugerencia: Si sobra un poco de crema, se pueden preparar unas tostas untando esta al pan previamente tostado y coronando luego cada rebanada con una loncha de queso de cabra y un trozo de membrillo.

reduce recicla reutiliza

Coliflor o brócoli

Crema de coliflor con patatas

Ingredientes

- Coliflor
- Patata cocida
- 200 ml de nata
- 200 ml de leche
- Quesitos
- Picatostes
- Pasas de Corinto

Elaboración

Calentamos la coliflor con la patata y acompañamos la leche y la nata. Cuando hierva, añadimos también los quesitos y apartamos del fuego. Pasamos el conjunto por la batidora.

Servimos en cuencos con un picatoste cada uno y pasas de Corinto.

¡Sabías que...?
El brécol o brócoli contiene casi cinco veces más calcio que la leche.

Judías verdes

Bolitas de verdura

Ingredientes

- Judías verdes
- 1 cebolla
- 1 diente de ajo
- 1 zanahoria cocida
- 100 g de arroz blanco cocido
- 1 huevo
- Nuez moscada
- Aceite y sal

Elaboración

Pochamos en una sartén la cebolla y el ajo, bien picados ambos, con un poco de aceite. Cuando la cebolla esté transparente, añadimos la verdura y la zanahoria también picadas y rehogamos. Retiramos del fuego y escurrimos de aceite.

Cocemos el arroz, escurrimos y dejamos enfriar. Lo mezclamos con la verdura y hacemos bolitas, que pasamos de seguido por huevo batido y pan rallado y freímos en abundante aceite caliente.

Sugerencia:

Pueden prepararse con otras verduras, como acelgas o espinacas. También, admiten su presentación en compañía de agridulce o tomate.

reduce recicla reutiliza

Crema
de verduras

Ingredientes

- Ración de judías verdes
- 1 puerro
- 1 zanahoria
- 2 patatas hervidas
- 3 quesitos
- Aceite, sal y pimienta

Elaboración

Cortamos la zanahoria y la patata y las hervimos en agua con sal durante unos minutos.

Rehogamos, en una cazuela con un chorrito de aceite, el puerro picado y lo dejamos a fuego lento unos minutos, hasta que esté doradito. Añadimos la zanahoria y la patata, junto con las judías verdes, removemos y echamos un vaso de agua. Mantenemos 5 minutos a fuego medio y retiramos.

Lo pasamos todo por la batidora con los quesitos, rectificamos de sal y le damos un golpe de pimienta. Al momento de servir, rociamos con un chorrito de aceite de oliva.

Sugerencia:
En invierno esta crema puede servirse en caliente con unos picatostes, o en verano como crema fría, sustituyendo entonces los quesitos por un chorrito de nata líquida y un toque de nuez moscada.

Judías verdes con tomate y atún

Ingredientes

- Judías verdes
- 1 bote de ½ kg de tomate triturado
- 1 lata de atún
- 1 cebolla pequeña
- 2 ajos
- Aceite, sal, orégano y azúcar

Elaboración

Pelamos los ajos y la cebolla: laminamos los primeros y cortamos en trocitos la segunda.

Ponemos la sartén al fuego con tres cucharadas soperas de aceite. Una vez caliente, echamos los ajos y seguidamente la cebolla. Cuando empiece a dorarse un poco, añadimos el tomate triturado y, antes de remover, acompañamos también una cucharadita de azúcar y el orégano.

Transcurridos unos minutos agregamos las judías verdes, removemos otra vez y, mientras pasan 2 o 3 minutos, abrimos la lata de atún, le quitamos el aceite y lo vertemos a la sartén. Removemos de nuevo y apartamos del fuego.

Sugerencia: Esta receta también es posible confeccionarla con cazón, sardinas, corvina, dorada...

reduce recicla reutiliza

Pastel de verduras

Ingredientes

- 1 ración de judías verdes
- 3 zanahorias cocidas
- 1 lata de guisantes
- 4 huevos
- 150 ml de nata
- Sal y pimienta

Elaboración

Precalentamos primero el horno a 180 °C (medio).

En un molde antiadherente para horno, disponemos una capa de judías verdes, otra capa de zanahorias y, por último, los guisantes.

Batimos bien los huevos con nata, sal y pimienta. Vertemos después con cuidado sobre el molde y horneamos unos 30-40 minutos al baño maría.

También se puede hacer al microondas a potencia media: necesitaremos emplear un molde adecuado para microondas, pero evitaremos ponerlo al baño maría.

¡Sabías que...?
Para que las judías verdes mantengan su color, una vez hervidas tienes que ponerlas en un recipiente con agua fría y hielo.

Sopa de fideos

Ingredientes

- 1 l de caldo de cocer judías verdes
- Fideos
- 1 huevo

Elaboración

Ponemos a calentar el caldo y, al momento que comience a hervir, añadimos los fideos.

A los dos minutos incorporamos el huevo, y batimos inmediatamente para disgregarlo en el caldo.

Dejamos hervir la sopa otro minuto más y la servimos.

¡Sabías que...? Aprovechar el caldo de cocer las verduras para preparar una sopa es muy saludable, ya que además de ser nutritivas, ricas en vitaminas y minerales e hidratantes, son bajas en calorías y tienen un efecto que sacia y ayuda a mantener el peso.

reduce recicla reutiliza

Calamares de campo

Ingredientes

- 2 pimientos verdes grandes
- Aceite
- Harina
- 1 huevo
- Sal
- 1 lata de cerveza

Elaboración

Lavamos y cortamos los pimientos en aros muy finos, los pasamos a un bol y salamos.

Ponemos la sartén al fuego con abundante aceite. Una vez esté muy caliente, vamos bañando los aros de pimiento en el rebozo y echándolos a la sartén. Los retiramos bien doraditos y ponemos sobre papel de cocina para que escurran el aceite sobrante.

Preparación del rebozo: echamos el huevo en un bol con una pizca de sal, batimos con un tenedor y dejamos caer poco a poco la harina. Intercalamos en este proceso la cerveza y la harina, hasta que consigamos la textura deseada: debe quedar una pasta semilíquida que permita el rebozo.

Sugerencia:

También pueden elaborarse con aros de cebolla, y la combinación de pimientos y cebolla queda estupenda como acompañamiento de carne o pescado.

Empanada de pisto con atún

Ingredientes

- 1 ración de pisto
- Masa de hojaldre congelada
- Tomate frito
- 1 lata de bonito en aceite
- 2 huevos duros
- 1 huevo crudo

Elaboración

Precalentamos primero el horno a 200 ºC (medio).

Escurrimos bien el bonito (mejor que quede sin aceite) y lo desmigamos. Troceamos los huevos duros con un tenedor.

Sobre un molde de hornear extendemos una capa de hojaldre, disponemos encima el pisto y el tomate frito y, luego, repartimos también el bonito y el huevo. Cubrimos con la otra capa de hojaldre y sellamos los bordes. Untamos la superficie con huevo batido y horneamos 35 minutos.

¡Sabías que...?
Es mejor emplear papel sulfurizado o de horno en lugar de papel de aluminio, poco respetuoso este con el medio ambiente.

reduce recicla reutiliza

Pisto

Fajitas

Ingredientes

- 1 ración de pisto
- Tortillas mexicanas de trigo
- Filetes de lomo de cerdo
- Queso tierno en lonchas
- Tabasco (opcional)

Elaboración

Cortamos el lomo en tiras y lo salteamos en una sartén con un poco de aceite. Templamos el pisto (puede ser en el microondas).

Calentamos las tortillas en una sartén por un lado, les damos la vuelta, les ponemos una loncha de queso encima y pasamos a un plato (en 1 minuto).

Disponemos luego unas tiras de lomo sobre el queso, cubrimos con una cucharada de pisto y enrollamos la tortilla.

El tabasco lo añade cada comensal a su gusto.

Sugerencia:
Si el tabasco no apetece, puede añadir una mayonesa mezclada con mostaza. ¡Quedan exquisitas!

Huevos al plato

Ingredientes

- Pisto
- 4 cs de tomate frito
- 1 lata de guisantes escurridos
- 4 huevos
- 1 rebanada de pan de molde

Elaboración

En cuatro cazuelitas de barro, repartimos el pisto y el tomate frito. Repartimos asimismo los guisantes y cascamos a su vez un huevo en cada cazuelita. Salamos y llevamos al horno hasta que los huevos estén hechos (unos 5 minutos a 180 °C).

Freímos el pan de molde, lo dejamos escurrir bien sobre papel y lo partimos en cuatro triángulos para poner uno en cada cazuelita.

Sugerencia: Adornar con una loncha de jamón o panceta frita por ración.

reduce recicla reutiliza

35
Pisto

'Pizza'

Ingredientes

- 1 ración de pisto
- 1 base de 'pizza'
- Tomate frito
- Jamón serrano (o cocido)
- 4 huevos de codorniz
- Queso 'mozzarella'
- Orégano

Elaboración

Ponemos a calentar el horno a 200 °C.

Sobre la base de *pizza* extendemos una capa de tomate frito, encima repartimos el pisto, luego el jamón ya troceado y, por último, abrimos los cuatro huevos. Recubrimos el conjunto con el queso y horneamos de 20 a 30 minutos, en función del tipo de base.

Al servir, se espolvorea con orégano.

verduras y hortalizas

Tartaletas de pisto

Ingredientes

- 1 ración de pisto
- 4 tartaletas de hojaldre
- 4 huevos de codorniz

Salsa

- 2 pimientos de piquillo
- 4 cs de nata líquida
- 1 diente de ajo pequeño
- 1 ct de miel
- 1 cs de oporto
- Sal, pimienta y aceite

Elaboración

Calentamos el pisto en el microondas, aproximadamente 2 minutos.

Ponemos las tartaletas en un recipiente, las rellenamos con el pisto ya caliente y, con una cucharada sopera, vamos cubriéndolas con la salsa. Freímos los huevos de codorniz y coronamos cada tartaleta con uno de ellos.

Elaboración de la salsa: ponemos en una sartén un chorrito de aceite y el diente de ajo laminado, y rehogamos los pimientos. Los salpimentamos y les agregamos la nata, la cucharadita de miel y el oporto.

Retiramos del fuego y pasamos todo por el chino.

Sugerencia: También quedan muy ricas estas tartaletas si sustituimos los huevos de codorniz por unas rodajas de morcilla de arroz fritas.

reduce recicla reutiliza

37

Pisto

Tortilla paisana

Ingredientes

- 1 ración de pisto
- 2 patatas medianas
- 5 huevos
- Aceite
- Sal

Elaboración

Freímos las patatas cortadas para tortilla, escurrimos bien de aceite y las mezclamos con el pisto.

Batimos los huevos con la sal y les añadimos la mezcla de patata y pisto.

Calentamos una sartén con una pizca de aceite y, una vez esté bien caliente, volcamos el preparado y cuajamos la tortilla según nuestro gusto.

Sugerencia:

El pisto lo podemos sustituir por unos pimientos rojos asados, o verdes fritos, que nos hayan sobrado. Igualmente admite completarla con unas virutas de jamón serrano.

salada de alub

na de garbanzos

puré de le

taje con bacalao

lentejas

bias blancas

legumbres

Mientras que garbanzos y lentejas se conocen desde tiempos antiquísimos al ser consumidas ya en el Antiguo Egipto, las judías secas o alubias tienen un consumo más reciente debido a su origen o procedencia del continente americano. Sin embargo, todas estas legumbres están muy integradas en nuestra alimentación y constituyen una parte fundamental e indispensable de la dieta mediterránea. Aunque son recomendadas insistentemente por los nutricionistas, su ingesta ha disminuido en los últimos años (consumimos unos 3,2 kg por persona y año, cuando hace cincuenta años era superior a los 12 kg). Este descenso en su demanda puede ser debido a que las legumbres se relacionan con alimentos de alto aporte calórico, y, además, carecen del glamur de otros alimentos al estar asociadas a una dieta popular de épocas con pocos recursos.

Las legumbres son alimentos con elevado contenido proteínico, por lo que las proteínas de origen vegetal que nos procuran complementan el consumo de proteínas de origen animal de nuestra dieta.

Aquí se ofrecen algunas razones para incrementar su ingesta:

- Aunque aportan bastantes calorías, tienen un índice glucémico bajo, es decir, sus hidratos de carbono se liberan muy lentamente y, en cierta medida, evitan su transformación en grasas; actualmente están indicadas incluso en dietas de adelgazamiento.

- Las legumbres son ricas en vitaminas del grupo B. Por ello no es recomendable añadir bicarbonato a la cocción de las legumbres para conseguir que estén más blandas, ya que este destruye la vitamina B_1.

- También son ricas en minerales como hierro y magnesio; y en fibras, que combaten el estreñimiento. Asimismo se ha demostrado que favorecen el desarrollo de determinadas bacterias intestinales beneficiosas para la salud, contribuyendo así a reducir el riesgo de padecer cáncer de colon.

- Su aporte total en grasas es muy bajo.

Todas las legumbres están muy integradas en nuestra alimentación y constituyen una parte fundamental e indispensable de la dieta mediterránea.

• La combinación de legumbres con cereales es una buena opción para procurar proteínas de alta calidad y, por tanto, mejorar su valor nutritivo.

Pero además de las ventajas nutricionales, el consumo de legumbres favorece la sostenibilidad de la agricultura, ya que tienen la capacidad de fertilizar el suelo de forma natural.

Es altamente recomendable consumir legumbres locales (no cuesta nada mirar la etiqueta para ver el origen del producto), así ahorramos el transporte de garbanzos desde México o de lentejas desde EE. UU. o Canadá, por ejemplo, de similares o incluso inferiores características.

También favoreceremos la biodiversidad, o, dicho de otro modo, evitaremos que desaparezcan variedades propias de nuestro país, ya que en España hay reconocidas 23 variedades autóctonas de judías, cinco de garbanzos y cuatro de lentejas.

Como inconveniente, las legumbres pueden provocar flatulencias: el someter las legumbres a remojo y cocción a fuego lento, o en la olla exprés, favorece su digestibilidad. Las lentejas son las legumbres más digestivas. En cualquier caso, después de consumirlas siempre es recomendable dar un tranquilo paseíto.

Tradicionalmente, lo que sobraba de un cocido o de unas lentejas se reutilizaba en la confección de un plato denominado «ropa vieja», o del socorrido «puré». En este recetario también incluimos algunos platos que nos permiten aprovechar las legumbres de forma variada e imaginativa.

En España hay reconocidas 23 variedades autóctonas de judías, cinco de garbanzos y cuatro de lentejas.

legumbres

Ensalada de alubias blancas

Ingredientes

- Resto de alubias
- 1 cebolleta
- 1 pimiento verde
- Aceitunas negras
- 3 tomates de pera maduros
- 1 huevo duro
- Aceite, vinagre y sal

Elaboración

Pasamos las alubias por agua y las escurrimos bien. Picamos luego muy fino la cebolleta, el pimiento, el tomate, la lechuga y el huevo. Partimos también las aceitunas por la mitad.

Vertemos todo en una fuente honda.

Montamos aparte la vinagreta, mezclamos bien y servimos la ensalada para su degustación.

Sugerencia: Para preparar la vinagreta, es muy práctico utilizar un frasco de cristal con tapa en el que, tras introducir los ingredientes, se cierra y se agita enérgicamente. No solo queda bien ligada, sino que en verano se puede preparar con antelación y guardarla en la nevera. Pero recordar que siempre hay que agitar bien antes de usarla.

reduce recicla reutiliza

Alubias blancas

Puré de alubias con chistorra

Ingredientes

- Alubias guisadas del día anterior
- 150 g de chistorra
- Aceite

Elaboración

Calentamos las alubias (con los tropezones que tengan de patata, zanahoria...) a fuego muy lento. Una vez calientes, las llevamos al vaso de la batidora y trituramos bien hasta que la textura sea de puré.

En una sartén ponemos una cucharada sopera de aceite y, cuando esté caliente, agregamos la chistorra cortada en trozos pequeños. Los retiramos recién doraditos.

Servimos el puré con el añadido en cada plato de dos o tres trocitos de chistorra.

Sugerencia:
Si hay poca cantidad de alubias guisadas del día anterior, añadir una patata hervida antes de pasarlas por la batidora y aligerar al gusto con un poco de caldo.

Sopa de alubias blancas

Ingredientes

- Resto de alubias
- 1 l de caldo de verduras
- 100 g de sobrasada
- 2 dientes de ajo
- Aceite
- Rebanadas de pan en cuadraditos

Elaboración

Hacemos un puré con las alubias y le agregamos el caldo de verduras o agua. Ponemos a calentar a fuego suave, para que no se agarre.

Cortamos el pan en rebanadas pequeñas, las tostamos y cubrimos con sobrasada.

Mientras, preparamos un sofrito de ajo y lo vertemos a la sopa.

Acompañamos con las minitostadas de sobrasada.

Sugerencia: Se puede utilizar un 'brick' de caldo de verduras, o una pastilla de caldo concentrado disuelta en agua.

Sopa de alubias blancas y tapioca

Ingredientes

- Resto de legumbres
- 1 l de caldo de verduras
- 2-3 cs de tapioca
- 50 g de chorizo
- Perejil picado
- Aceite

Elaboración

Hacemos un puré con las alubias y le añadimos el caldo de verduras o agua. Ponemos a calentar a fuego suave, para que no se agarre.

Cuando comience a hervir, vertemos 2 o 3 cucharadas de tapioca. Dejamos cocer 5 minutos.

Mientras tanto, freímos el chorizo troceado.

Servimos la sopa con perejil y el chorizo frito, ambos muy picaditos.

¡Sabías que...?
La tapioca es el almidón obtenido de la yuca, que a su vez es un tubérculo tropical. Tiene un sabor bastante neutro y es muy importante destacar que no aporta gluten.

Crema de garbanzos tipo 'humus'

Ingredientes

- Resto de garbanzos
- Cilantro o perejil
- 2 cs de sésamo
- 1 limón
- Aceite, vinagre y sal
- 4 rebanadas de pan tostado

Elaboración

Hacemos un puré con los garbanzos y vertemos en él un poco del caldo de estos para que quede como una pasta densa.

Aliñamos con el aceite, limón y rectificamos de sal. Espolvoreamos de seguido con las semillas de sésamo tostadas y cilantro picado.

Servimos con rebanadas finas de pan tostado.

Sugerencia: Las tortillas de trigo o maíz quedan estupendas cortadas en triángulos y fritas en aceite de oliva.

reduce recicla reutiliza

Crema de potaje con lomos de bacalao

Ingredientes

- Ración de potaje de bacalao
- 4 lomos de bacalao
- Harina
- Aceite y perejil

Elaboración

Calentamos el potaje a fuego muy lento y, cuando esté listo, lo pasamos al vaso de la batidora y trituramos hasta conseguir una textura de crema.

Vertemos en una sartén un buen chorro de aceite. Aparte enharinamos los lomos de bacalao y, una vez caliente el aceite, los vamos friendo. Poco a poco, a medida que están hechos, los vamos depositando sobre una fuente con papel de cocina para que escurran el exceso de aceite.

El servicio lo hacemos en platos hondos, poniendo una base de crema de potaje y encima el trozo de lomo de bacalao. Espolvoreamos de perejil picado y… ¡listo para degustar!

Sugerencia: Si apetece se pueden pelar unos ajos, los cortamos en láminas, freímos y distribuimos por encima del bacalao. ¡Queda mucho más sabroso!

Ensalada de garbanzos

Ingredientes

- Garbanzos cocidos
- 1 cebolla mediana
- 1 pimiento verde
- ½ pimiento rojo
- 3 tomates verdes medianos
- 1 lata de atún
- 1 lata de anchoas pequeña

Vinagreta

- Aceite de oliva (¼ vaso de agua)
- Vinagre (al gusto)
- 1 ct de mostaza
- 1 ct de miel
- Sal

Elaboración

Partimos la cebolla, los pimientos y los tomates en trozos pequeños y al tiempo lo vamos depositando en una ensaladera. Una vez todo troceado, añadimos los garbanzos, el atún, las anchoas cortadas en trocitos y la sal.

En un vaso grande hacemos la vinagreta con el aceite, el vinagre, la mostaza, la miel y una pizca de sal; lo batimos luego todo con un tenedor (no pasarlo por la batidora).

Repartimos la vinagreta sobre la ensalada y lo ponemos a enfriar durante media hora en el frigorífico.

¡Sabías que...?
Para que los garbanzos no queden duros, la noche anterior hay que ponerlos en remojo de agua muy caliente con una cucharada de sal.

reduce recicla reutiliza

49

Garbanzos

Potaje de verano

Ingredientes

- 1 ración de garbanzos cocidos
- 2 ajos laminados
- Cebolla
- 1 vasito de vino blanco
- Salchichas frescas
- Aceite
- 1 pastilla de caldo
- Sal, pimienta y comino en polvo

Elaboración

En una cazuela, ponemos a calentar un chorro de aceite con los ajos laminados y la cebolla picada. Cortamos las salchichas en rodajas gruesas y las añadimos a la cazuela. Rehogamos y acompañamos el vino blanco y la pastilla de caldo.

Dejamos que se consuma el vino e incorporamos también los garbanzos. Salpimentamos, junto con una pizca de comino, y en un par de minutos están listos para servir.

Sugerencia: En lugar de salchichas, se pueden utilizar salchichas de Fráncfort o panceta fresca.

legumbres

Tostadas de 'pringá' de cocido

Ingredientes

- 1 ración de cocido (garbanzos, carne y tocino)
- 1 barra de pan
- Aceite

Elaboración

Echamos en el vaso de la batidora los garbanzos, la carne desmigada y el tocino. Lo batimos todo bien y templamos la mezcla. Tostamos el pan en rebanadas, las bautizamos con unas gotas de aceite de oliva y untamos con la *pringá* de cocido.

En su versión más castiza, calentamos el resto de cocido en una sartén y servimos a cada plato una porción. Cada comensal lo tritura luego con el tenedor y lo va untando en las tostadas.

Sugerencia:

Los amantes del ajo pueden restregar uno por la tostada antes de untar la *pringá*.

reduce recicla reutiliza

Crema de lentejas y puerro

Ingredientes

- Resto de lentejas
- 1 zanahoria
- 3 puerros
- 2 patatas
- 1 huevo duro
- Sal y aceite

Elaboración

Hacemos un puré con las lentejas y reservamos.

Ponemos en una olla exprés toda la verdura con medio litro de agua. Cuando esté cocida, hacemos un puré con ella y su caldo. Añadimos luego el puré de lentejas y calentamos a fuego suave.

Servimos la crema con un hilo de aceite de oliva y el huevo duro picado.

¿Sabías que...?

Para que las lentejas no se rompan al cocerlas, inmediatamente después de su ebullición hay que bajar el fuego al mínimo hasta el final de la cocción.

Puré de lentejas con arroz

Ingredientes

- Resto de lentejas
- 50 g de arroz
- 1 vaso de leche
- ½ l de caldo de verduras
- Trocitos de chorizo

Elaboración

Hacemos un puré con las lentejas y lo vertemos en una olla con el caldo y la leche. Lo ponemos a calentar a fuego suave.

Cocemos el arroz aparte y lo mezclamos de seguido con el puré.

Al momento del servicio, incorporamos los trocitos de chorizo previamente fritos.

Sugerencia:
Los trozos de chorizo es posible hacerlos en el microondas en lugar de freírlos.

Puré de lentejas con beicon y champiñones

Ingredientes

- Estofado de lentejas
- 2 lonchas de beicon
- 50 g de champiñones
- Aceite, sal y pimienta

Elaboración

Calentamos las lentejas a fuego muy lento (para que no se peguen). Una vez calientes, las llevamos al vaso de la batidora y trituramos hasta que la textura sea de puré.

En una sartén ponemos una cucharada sopera de aceite y, cuando esté caliente, doramos el beicon cortado en trocitos. Cuando ya esté hecho, lo retiramos de la sartén.

En el mismo aceite echamos los champiñones, también cortados en trozos pequeños. Bien doraditos, los apartamos y unimos al recipiente junto con el beicon. Sazonamos el conjunto con una pizca de sal.

Presentamos el puré en un plato, salpicado por encima con la viruta de beicon y los champiñones y el rociado de un chorrito de aceite de oliva.

¡Sabías que...?

Para que las lentejas tengan una textura más espesa hay que poner en un bol parte de las verduras, pimiento, cebolla, tomate, zanahoria,... se pasa por la batidora y añade a las lentejas. ¡Te encantará!

legumbres

atún

ensaladilla rusa

champiñon

de pisto

pescado con pim

rellenos de ve

huevos

Los huevos son muy socorridos a la hora de reutilizar aquellos alimentos que hayan quedado de las comidas, ya que pueden aprovecharse como relleno.

Resulta difícil imaginar una cocina sin huevos. Son un recurso alimentario indispensable, barato y con un elevado valor nutricional y bajo aporte calórico. El huevo presenta un alto contenido en proteínas, y es especialmente rico en aminoácidos esenciales, ácidos grasos y algunos minerales y vitaminas necesarias en la dieta. Pero hay diferencias entre la clara y la yema. La clara está constituida por agua y albúmina, la mejor proteína que existe, muy asimilable una vez cocinada. También es la principal fuente dietética de lecitina o fosfatidilcolina, cuyo aporte es importante para nuestro organismo. La yema contiene principalmente grasa, colesterol y algunos micronutrientes.

Sin embargo, su consumo ha estado sujeto a bastantes controversias, especialmente en lo referente al colesterol, y en consecuencia al número de huevos que es aconsejable comer a la semana. Se han realizado numerosos estudios en los últimos años que confirman que el consumo de huevos no eleva el riesgo cardiovascular en personas sanas, a pesar de su contenido en colesterol, puesto que aporta fosfolípidos, grasas insaturadas, algunas vitaminas y antioxidantes que favorecen la prevención de la arterioesclerosis. Una persona adulta y sana, que lleve una dieta variada y un estilo de vida saludable, puede consumir hasta seis huevos por semana según un estudio reciente realizado en los Estados Unidos (*Diabetes Care*, 2009); y las *Guías alimentarias para la población española*, de la Sociedad Española de Nutrición Comunitaria, indican que «para un niño, persona de tamaño pequeño, o mediano, o inactiva, podría ser conveniente un consumo de tres a cuatro huevos por semana; mientras que una persona corpulenta, o físicamente activa, podría consumir hasta siete huevos por semana», siempre en el contexto de una dieta variada y equilibrada.

Los huevos se producen en granjas adaptadas a las normas sobre bienestar animal, que mejoran la sanidad de las aves mediante la prevención y aplicación de las mejores técnicas en cuanto a la reducción del impacto ambiental. En la Unión Europea los huevos llevan impresos unos números en la cáscara

El huevo presenta un alto contenido en proteínas, y es especialmente rico en aminoácidos esenciales, ácidos grasos y algunos minerales y vitaminas necesarias en la dieta.

que nos indican su «trazabilidad», es decir, saber dónde se han producido y, mediante el primer dígito, conocer el sistema de cría de las gallinas. No hay evidencias científicas que verifiquen que un determinado sistema produzca huevos más seguros o nutritivos que otros sistemas de producción. De todos modos, los huevos de granjas productoras son:

- de producción ecológica, procedentes de gallinas criadas al aire libre y alimentadas con grano; sin aditivos químicos, antibióticos, aceleradores del crecimiento, etcétera;

- de gallinas camperas, con acceso directo durante todo el día a corrales al aire libre, pero alimentadas con pienso convencional;

- de gallinas criadas sin jaulas, en el suelo de naves cubiertas;

- de gallinas alojadas en jaulas de batería; son los huevos más frecuentes en nuestro país.

En la cocina hay que ser cuidadosos en el manejo y manipulación de los huevos, no solo porque se pueden romper, sino porque han de conservarse refrigerados en cuanto los traemos a casa. Además, no hay que lavarlos para guardarlos, ya que el lavado elimina la cutícula protectora del huevo que evita la invasión de microorganismos, por lo que se recomienda hacerlo solo antes de su uso. Algunos consejos de conservación son:

- Un huevo se conserva fresco y comestible al menos durante cuatro semanas después de la fecha de puesta, y se conserva mejor si evitamos cambios bruscos de temperatura.

- Los alimentos o platos elaborados con huevo se deben refrigerar y consumir antes de 3 o 4 días, y no deben quedar a temperatura ambiente más de 2 horas.

- Los huevos duros se conservan bien hasta una semana después de su cocción.

Huevos rellenos de atún

Ingredientes

- Ración de atún
- 4 huevos
- ½ cebolla mediana
- 5 cs de tomate frito
- Aceite de oliva
- Sal
- Mayonesa

Elaboración

Primero cocemos los huevos (aproximadamente, 20 minutos). Una vez cocidos, los retiramos del fuego y dejamos que enfríen. Cuando estén bien fríos, los pelamos y cortamos a lo largo. Por último, les quitamos las yemas y los dejamos en una bandeja.

Picamos muy fino la cebolla y la echamos en la sartén con un chorrito de aceite. Nada más esté transparente, le añadimos el atún, el tomate y tres yemas de huevo (reservamos una para adornar).

Rellenamos los huevos con la mezcla realizada, los cubrimos bien con la mayonesa y rallamos por encima la yema de huevo.

Sugerencia: Si la cantidad de atún que se recicla no es suficiente, puede añadirse atún en lata (bien escurrido de aceite).

Huevos rellenos de carne

Ingredientes

- Ración de carne
- 4 huevos
- 1 cebolla pequeña
- Besamel

Elaboración

Cocemos primero los huevos (unos 20 minutos). Una vez cocidos, los retiramos y dejamos enfriar. Cuando estén bien fríos, los pelamos y cortamos a lo largo. Por último, reservamos las yemas y los ponemos en una bandeja.

En una sartén, echamos la cebolla bien picada; cuando esté pochada añadimos la carne triturada, removemos y agregamos también las yemas.

Retiramos del fuego y, con la mezcla preparada, rellenamos los huevos. Los cubrimos de salsa besamel y gratinamos.

Sugerencia:
Para preparar estos huevos se puede utilizar cualquier clase de carne que haya quedado de la comida, como lomo de cerdo a la plancha, filete de ternera, pechuga de pollo, etcétera.

Huevos rellenos de champiñones y paté

Ingredientes

- Ración de champiñones
- 4 huevos
- 1 lata pequeña de paté
- Lechuga

Elaboración

Cocemos primero los huevos (aprox., 20 minutos). Una vez cocidos, los retiramos y dejamos enfriar. Cuando estén bien fríos, los pelamos y cortamos a lo largo. Por último, reservamos las yemas y los ponemos en una bandeja.

En una sartén caliente echamos los champiñones bien picaditos, el paté y las yemas de los huevos. Lo mezclamos luego todo a fondo y aderezamos con una pizca de pimienta.

Rellenamos los huevos y los servimos sobre un lecho de ensalada cortada en juliana.

Sugerencia: A la mezcla de champiñón y paté, se le puede incorporar un poco de jamón cocido o serrano picado.

reduce recicla reutiliza

Huevos rellenos de ensaladilla rusa

Ingredientes

- Ensaladilla rusa
- 4 huevos
- 4 palitos de cangrejo
- Salsa rosa

Salsa rosa

- 1 huevo
- Aceite de girasol
- Sal
- 3 cs de kétchup
- 1 cs de zumo de naranja
- 1 cs de tomate frito
- Unas gotas de salsa Perrins

Elaboración

Cocemos primero los huevos (unos 20 minutos). Una vez cocidos, los retiramos y dejamos enfriar. Cuando estén bien fríos, los pelamos y cortamos a lo largo. Por último, reservamos las yemas y los ponemos en una bandeja.

Los rellenamos con la ensaladilla y cubrimos de salsa rosa. Desmenuzamos o trituramos los palitos de cangrejo, rallamos las yemas y adornamos los huevos. ¡Exquisitos!

Elaboración de la salsa rosa: recién elaborada la mayonesa con el huevo, el aceite y la sal, incorporamos el kétchup, el zumo de naranja, el tomate frito y unas gotas de salsa Perrins. Lo batimos todo de nuevo y listo.

¡Sabías que...?
Para que los huevos tengan la yema centrada, consérvalos siempre en el frigorífico con la punta hacia abajo.

Huevos rellenos de paella

Ingredientes

- Ración de paella
- 4 huevos
- Alioli
- Perejil

Elaboración

Cocemos primero los huevos (unos 20 minutos). Una vez cocidos, los retiramos y dejamos enfriar. Cuando estén bien fríos, los pelamos y cortamos a lo largo. Por último, reservamos las yemas y los ponemos en una bandeja.

Limpiamos, en un recipiente aparte, la ración de paella retirando todo lo que sea molesto a la hora de comer. Rellenamos a continuación los huevos, los coronamos con una cucharadita pequeña de alioli y los adornamos con un poco de perejil.

Sugerencia: Una vez rellenos, los huevos se pueden decorar con unas tiras de pimiento de piquillo o morrón de lata sobre el alioli.

Huevos rellenos de pasta

Ingredientes

- Pasta (espaguetis o macarrones)
- 4 huevos
- Tomate frito
- Queso rallado
- Orégano

Elaboración

Cocemos primero los huevos (unos 20 minutos). Una vez cocidos, los retiramos y dejamos enfriar aparte. Cuando estén bien fríos, los pelamos y cortamos a lo largo. Por último, reservamos las yemas y los ponemos en una bandeja.

En un plato o cuenco, ayudados por un tenedor, vamos triturando la pasta (tal y como nos haya sobrado, ya sea con carne, pescado...).

Rellenamos los huevos, los cubrimos con el tomate frito y, para finalizar, espolvoreamos de queso rallado y orégano.

Sugerencia:
Si se desea, puede elaborarse con besamel en lugar de tomate y gratinarse después.

Huevos rellenos de pescado

Ingredientes

- Pescado blanco, limpio de espinas
- 4 huevos
- Palitos de cangrejo
- 2 rodajas de piña natural
- Salsa rosa (pág. 61)

Elaboración

Cocemos primero los huevos (unos 20 minutos). Una vez cocidos, los retiramos y dejamos enfriar. Cuando estén bien fríos, los pelamos y cortamos a lo largo. Por último, reservamos las yemas y los ponemos en una bandeja.

En un recipiente vamos cortando –en trocitos muy pequeños– el pescado, los palitos de cangrejo y las rodajas de piña. A la mezcla le agregamos las yemas de huevo, guardando una de ellas para adornar al final.

Rellenamos los huevos con la mezcla, los cubrimos con la salsa rosa, rayamos la yema de huevo que hemos guardado aparte y finalizamos con un espolvoreo de eneldo.

¡Sabías que...?

Si se te ha cortado la mayonesa, la puedes arreglar utilizando otro bol con unas gotas de agua e ir añadiendo esta poco a poco. Nada más que la veas ligar sigue echando aceite, siempre poco a poco.

reduce recicla reutiliza

Huevos rellenos de pescado con pimientos

Ingredientes

- Ración de pescado, limpio de espinas
- 4 huevos
- 2 pimientos verdes
- 1 puerro pequeño
- Aceite
- Sal y pimienta
- Eneldo y perejil

Elaboración

Cocemos primero los huevos (unos 20 minutos). Una vez cocidos, los retiramos y dejamos enfriar. Cuando estén bien fríos, los pelamos y cortamos a lo largo. Por último, reservamos las yemas y los ponemos en una bandeja.

En una sartén con un chorrito de aceite, echamos el puerro picadito y, a continuación, añadimos los pimientos cortados en trozos muy pequeños.

Después de pochar todo, agregamos el pescado, salpimentamos y, transcurridos unos 2 minutos, retiramos del fuego.

Rellenamos los huevos y los adornamos con una pizca de eneldo y perejil.

Sugerencia:

Se puede usar cualquier clase de pescado que se quiera reciclar, como boquerones fritos, sardinas, dorada, pescadilla, etcétera.

Huevos rellenos de pisto

Ingredientes

- Ración de pisto
- 4 huevos
- Salsa de pimientos

Salsa de pimientos

- 2 pimientos de piquillo
- 4 cs de nata líquida
- 1 diente de ajo pequeño
- 1 ct de miel
- 1 cs de oporto
- Sal, pimienta y aceite

Elaboración

Ponemos los huevos a cocer con un chorro de vinagre, para así retirar mejor la cáscara. Luego, pasados 20 minutos, los apartamos del fuego y dejamos enfriar.

Una vez bien fríos, los pelamos y cortamos a lo largo. Reservamos las yemas y los ponemos en una bandeja.

Rellenamos los huevos con el pisto, y sobre cada uno vamos poniendo una cucharada de salsa de pimientos. Por último, para adornar, rallamos las yemas por encima.

Para elaborar la salsa: en una sartén puesta al fuego, echamos un chorrito de aceite con un diente de ajo laminado y rehogamos los pimientos.

Salpimentamos los pimientos y les agregamos la nata, la cucharadita de miel y el oporto.

Después de un par de minutos, retiramos todo del fuego y lo pasamos por el chino.

Sugerencia:

Como acompañamiento de este plato, sugerimos unas patatas fritas cortadas muy finas (patatas paja).

reduce recicla reutiliza

Huevos rellenos de pollo

Ingredientes

- 4 huevos
- Pollo
- 1 puerro
- Curry, pimienta, sal
- Aceite de oliva
- Mayonesa con una pizca de curry

Elaboración

Cocemos primero los huevos (unos 20 minutos). Una vez cocidos, los retiramos y dejamos enfriar. Cuando estén bien fríos, los pelamos y cortamos a lo largo. Por último, reservamos las yemas y los ponemos en una bandeja.

Picamos el puerro y lo llevamos a una sartén con dos cucharadas soperas de aceite de oliva. Recién pochado le incorporamos el pollo desmenuzado, salpimentamos y espolvoreamos de curry (una cucharadita rasa de moca). Pasados 2 minutos, lo retiramos del fuego.

Mientras enfría, vamos añadiendo las yemas de los huevos y mezclamos todo de nuevo. Rellenamos los huevos con el pollo y lo cubrimos con la mayonesa.

Sugerencia:

El plato quedará mucho más completo si lo acompañamos con un arroz blanco, que una vez hervido freímos en un poco de mantequilla.

Huevos rellenos de salmón

Ingredientes

- 250 g de salmón
- 4 huevos
- Langostinos o gambas cocidas
- Mayonesa

Elaboración

Ponemos los huevos a cocer con un chorro de vinagre y, después de 20 minutos, los dejamos enfriar. Una vez bien fríos, los pelamos y cortamos a lo largo. Les retiramos las yemas y los ponemos en una bandeja.

De las cuatro yemas reservamos dos, y también reservamos tres o cuatro langostinos para adornar el plato al final.

En un recipiente disponemos el salmón picadito con los langostinos, también picaditos, dos yemas de los huevos y tres cucharadas de mayonesa. Mezclamos bien con un tenedor y procedemos a rellenar los huevos.

Nada más finalizar adornamos los huevos con un poco de mayonesa por encima, las dos yemas que habíamos reservado, rayadas también sobre ellos, y, por último, un salpicado de langostinos picados en trocitos muy pequeños.

Sugerencia: Los huevos se pueden servir en una bandeja sobre un lecho de lechuga cortada en juliana.

Huevos rellenos de verduras

Ingredientes

- Ración de espinacas, coliflor…
- 4 huevos
- Besamel
- Pasas
- Queso

Elaboración

Cocemos primero los huevos (unos 20 minutos). Una vez cocidos, los retiramos y dejamos enfriar. Cuando estén bien fríos, los pelamos y cortamos a lo largo. Por último, reservamos las yemas y los ponemos en una bandeja.

Echamos luego las pasas en una sartén con una cucharada sopera de aceite, removemos medio minuto e incorporamos las espinacas. Rehogamos un minuto y añadimos las yemas, mezclamos bien y retiramos del fuego.

Rellenamos los huevos con la mezcla de verdura, los cubrimos con la besamel y espolvoreamos de queso rallado. Gratinamos durante dos minutos.

¡Sabías que…?

Para que la cáscara de los huevos duros se desprenda bien, tienes que pelarlos debajo del grifo con un chorrito de agua fría.

bacalao

ado con mayonesa

empanadillas d

llitos de salmón

pescado blanc

buñuelos de b

pescados

El pescado forma parte fundamental de los pilares de nuestra alimentación, ingrediente básico de la llamada dieta mediterránea. Es un alimento de muy fácil digestión, básicamente proteico, que aporta grasas denominadas «cardiosaludables», los famosos ácidos grasos Omega-3, que abundan especialmente en los pescados azules; también es fuente de minerales, oligoelementos y vitaminas. Se recomiendan unas tres raciones de pescado por semana, alternando la ingesta de pescado blanco y pescado azul.

España es el mayor consumidor europeo de pescado, y uno de los más importantes a nivel mundial por detrás de Japón. La variedad de especies que degustamos es asimismo elevada, pero como consumidores responsables debemos conocer aquellas que hemos de respetar para preservar los recursos y provocar un menor impacto ambiental en nuestros mares y océanos. Pero ¿cómo puede informarse sobre este punto el consumidor? En el mercado hay guías de consumo responsable debidas a organizaciones ecologistas, como las editadas por WWF, Greenpeace o Marine Stewardship

Council (MSC), o las guías informativas de muchas comunidades autónomas.

Para realizar un consumo responsable de pescado, si procede de la pesca es preferible optar por aquellas especies que se capturan mediante técnicas artesanales tradicionales, que suelen ser más selectivas y responsables, en lugar de las provenientes de técnicas más agresivas con el entorno. Algunas especies como el bonito del norte se capturan individualmente, uno a uno, con caña, a diferencia de los que se pescan en otros países, que lo hacen mediante redes: la primera opción permite seleccionar lo que se pesca, mientras que la segunda, realizada con redes, además de bonitos, con frecuencia acaba asimismo con otras especies no comerciales que son atrapadas y mueren o quedan malheridas sin que ello sirva absolutamente para nada, como son los delfines o las tortugas marinas.

Respecto a los productos de la acuicultura, hay diferentes puntos de vista en lo referente a su sostenibilidad. En lo que sí están de acuerdo la mayoría de organizaciones es en

... preferencia por productos locales y de temporada y tallas comerciales adecuadas.

evitar el consumo de langostinos procedentes de zonas tropicales, ya que su producción provoca la destrucción de zonas costeras de alto valor ecológico. También se recomienda abstenerse de consumir especies foráneas como la panga, que se produce en Vietnam, se alimenta con harinas de pescado del Perú y, luego, se comercializa refrigerada o congelada en Europa. ¡Esto supone comerse un pescado que ha dado la vuelta al mundo! Toda una transgresión.

En definitiva, se trata de aplicar los consejos que ya hemos comentado para otros alimentos en cuanto a consumo responsable: preferencia por productos locales y de temporada y tallas comerciales adecuadas. Además, procuraremos demandar en mayor proporción capturas de la pesca de bajura (sardinas, jureles, caballas, boquerones…), cuyo impacto ambiental es mínimo, si está bien gestionado, y reducir el consumo de otras especies menos sostenibles como el atún; y las que se pescan mediante el empleo de redes de arrastre (rape, platija, lenguado, gallineta, algunas merluzas…), que a su paso destrozan el fondo marino.

Y ya en la cocina, recordemos que tanto las raspas como las cabezas de los pescados siempre se han destinado a confeccionar sopas y caldos básicos muy gustosos, y también a preparar otros guisos de gran prestigio y garantía culinaria como la paella.

Estos restos del pescado se pueden congelar en crudo nada más llegar a casa, o bien reservar en el congelador el caldo ya elaborado para cuando queramos o lo necesitemos. También podemos usar con el mismo fin las peladuras y cabezas crudas de gambas y langostinos. Aprovecharemos unos productos que, de no ser así, irían a parar directamente a la basura.

Para consumir y reutilizar al día siguiente el pescado ya cocinado que sobra de las comidas, es muy importante guardarlo cuanto antes en el frigorífico con vista a su conservación y, en el momento de necesitarlo, prestar gran importancia a los tiempos de cocción, ya que un cocinado excesivo provocaría el que se estropeara con suma facilidad.

Empanadillas de atún

Ingredientes

- Resto de atún o bonito, sin salsa
- 1 sobre pequeño de masa para empanadillas (16 obleas)
- ½ cebolla mediana
- 1 bote pequeño de tomate frito
- 1 lata pequeña de pimiento morrón
- 2 huevos
- Aceite de oliva
- Sal

Elaboración

En primer lugar, ponemos a cocer los huevos (unos 15 minutos). Una vez listos, los enfriamos en agua fría.

Mientras tanto picamos muy fino la cebolla, y también el pimiento morrón; por separado. Preparamos la sartén con un chorro de aceite y pochamos la cebolla; cuando esté transparente la juntamos en un recipiente con el pimiento morrón, el tomate frito, los huevos picaditos y el atún (previamente escurrido todo el aceite de la lata). Mezclamos bien con la ayuda de un tenedor.

Preparamos las obleas, y en cada una de ellas vamos poniendo una cucharadita del relleno de atún. Las cerramos y sellamos los bordes con un tenedor. Nada más estén todas preparadas y selladas, calentamos abundante aceite en una sartén pequeña y profunda.

Con el aceite bien caliente, se van echando las empanadillas y esperamos luego a que estén doradas por ambos lados. Ya crujientes, las retiramos y ponemos a escurrir sobre papel absorbente.

Sugerencia: Quedan muy ricas si se les añade unas aceitunas negras deshuesadas y troceadas.

Paté
de atún

Ingredientes

- Resto de atún o bonito, sin salsa
- 3 pimientos rojos de lata
- 6 anchoas
- 1 huevo duro
- 3 cs de mayonesa
- Pan
- Pepinillos (opcional)

Elaboración

Desmigamos el bonito. Aparte troceamos el huevo muy fino, mejor con un tenedor. Reservamos.

En el vaso de la batidora ponemos la mayonesa, las anchoas bien escurridas y los pimientos. Batimos todo hasta que quede homogéneo.

Añadimos el bonito desmigado y el huevo y mezclamos bien con cuidado, sin batir. Debe quedarnos muy denso, como un paté.

Servimos sobre pan frito o pan tostado. (Debe ponerse sobre el pan en el último momento).

Sugerencia:
Se puede decorar con unas gotas de mayonesa y pepinillos laminados.

Tomates rellenos

Ingredientes

- Atún
- Cebolleta picada
- 4 tomates medianos
- 4 pepinillos agridulces
- ½ lata de maíz dulce
- 1 huevo duro
- Mayonesa
- Hierbabuena

Elaboración

Preparamos los tomates para rellenar.

De seguido picamos el huevo duro, la pulpa que hemos obtenido de los tomates, la cebolleta y los pepinillos. Mezclamos con el maíz, el atún desmigado y removemos; añadimos también la mayonesa y removemos de nuevo.

Rellenamos los tomates y los dejamos enfriar en el frigorífico.

Como adorno, podemos ponerle una ramita de hierbabuena.

¡Sabías que...?

Hay que dedicar una esmerada atención a la conservación de los pescados rojos y azules, porque se oxidan muy fácilmente. Por eso recomendamos taparlos con un paño húmedo en la nevera y no dejarlos en ella más allá de dos días.

Buñuelos de bacalao

Ingredientes

- 1 ración de bacalao
- 110 g de harina
- 150 ml de agua
- 1 huevo
- 1 diente de ajo
- Perejil, sal
- ¼ ct de levadura
- Aceite

Elaboración

Desmigamos primero el bacalao (sin salsa, si es que la tiene). Lo mezclamos luego en un cuenco grande con el huevo, la harina, el agua, la levadura y una pizca de sal. Removemos bien con un tenedor y, a continuación, añadimos el perejil y el ajo muy picaditos. Seguimos removiendo hasta que quede una masa lisa y espesa.

Vamos tomando, con una cucharada sopera, la masa y la freímos en aceite bien caliente, hasta que se dore. Retiramos los buñuelos de la sartén y los depositamos sobre papel de cocina.

Sugerencia:
Si no se tiene levadura, sustituir esta por una cucharadita de bicarbonato.

Bacalao

Buñuelos de patata y bacalao

Ingredientes

- Resto de bacalao, sin salsa
- Patatas cocidas y machacadas en puré
- Mantequilla
- Levadura
- Huevos
- Perejil picado
- Sal y aceite

Elaboración

Cocemos las patatas enteras, con su piel. Ya cocidas, las pelamos y machacamos con un tenedor. Añadimos mantequilla para hacer un puré denso.

Incorporamos luego el bacalao desmigado con el perejil picado. Agregamos también la levadura y, después, los huevos batidos.

Hacemos bolitas, que freímos en aceite bien caliente. Las retiramos cuando están doradas y dejamos que escurran sobre papel de cocina.

Sugerencia: Se pueden servir sobre un lecho de lechuga cortada en juliana.

reduce recicla reutiliza

Croquetas de bacalao

Ingredientes

- Resto de bacalao, sin salsa
- 1 cebolla
- Harina
- Leche
- Perejil
- 1 huevo duro
- 1 huevo batido
- Pan rallado
- Aceite

Elaboración

Pochamos la cebolla, bien picada, en aceite. Cuando esté transparente, añadimos el bacalao desmigado y el perejil picado. En 2-3 minutos vertemos la harina y removemos bien, hasta que el aceite la absorba.

Incorporamos luego la leche poco a poco, sin dejar de remover. Cuando ya esté toda la leche, agregamos el huevo duro picado y le damos un hervor sin parar de remover. Apartamos y vertemos todo en una fuente previamente humedecida bajo el grifo. Dejamos secar la masa.

Hacemos las croquetas, las pasamos por huevo batido y pan rallado y las freímos en aceite bien caliente. Las ordenamos sobre papel absorbente y servimos a la mesa.

¡Sabías que...?

Las croquetas están mucho más jugosas y sabrosas si a la masa se le añaden dos o tres quesitos.

pescados

Bacalao

Ensalada de garbanzos y bacalao

Ingredientes

- Resto de bacalao, sin salsa
- 300 g de garbanzos cocidos
- 1 cebolleta
- Aceitunas negras deshuesadas
- 2 huevos duros
- 1 cs de pimentón
- 8 cs de aceite
- 2 cs de vinagre de manzana
- Sal

Elaboración

Picamos la cebolleta muy fina, partimos las aceitunas por la mitad y picamos los huevos duros no muy pequeño.

Lavamos y escurrimos bien los garbanzos. Colocamos todo lo anterior en una fuente de cocina y añadimos el aliño, previamente preparado. Lo mezclamos bien entre sí e incorporamos el bacalao con cuidado.

Presentamos en una fuente amplia, espolvoreado con un poco de pimentón y perejil picado.

Sugerencia: En caso de no tener garbanzos para reutilizar, los botes de garbanzos cocidos son muy prácticos para preparar estas ensaladas.

reduce recicla reutiliza

Bacalao

Ensalada templada de bacalao

Ingredientes

- Resto de bacalao, sin salsa
- Espinacas frescas
- Patatas cocidas
- Cebolleta
- Pasas
- Nueces
- Aceite, vinagre de manzana, sal
- Reducción de Módena

Elaboración

Cocemos las patatas en agua con sal (o en el microondas, mucho más rápido), que queden enteras. Refrescamos luego en agua fría, pelamos y cortamos en rodajas.

Hacemos la cebolla también rodajas y pochamos en un poco de aceite. Limpiamos las espinacas, secamos y partimos en trozos grandes.

Desmigamos a continuación el bacalao en trozos no muy pequeños.

Para montar la ensalada, en una fuente amplia colocamos primero las rodajas de patata, luego las espinacas, sobre ellas la cebolla templada y, encima, las láminas de bacalao. Aliñamos con sal, aceite y muy poco vinagre.

Decoramos la ensalada con las pasas, las nueces y la reducción de Módena.

¡Sabías que...?

Cuando tengas que utilizar pasas, orejones, ciruelas..., déjalos en un recipiente con vino blanco o tinto durante dos horas. ¡El resultado te fascinará!

Bacalao

'Minipizzas' de bacalao con pasas

Ingredientes

- Bacalao cocinado y desmigado
- 200 g de pasas corinto
- 1 cebolla
- 200 ml de nata
- 2 cs de aceite
- Masa de hojaldre congelada

Elaboración

En un cazo con el aceite, pochamos la cebolla cortada en láminas.

Dejamos descongelar la masa de hojaldre, durante media hora, a temperatura ambiente.

Precalentamos luego el horno a 200 °C.

Ponemos las pasas a macerar en agua caliente.

Cortamos el hojaldre en rectángulos (salen unos 8 o 10), que colocamos en una lámina de papel vegetal para horno, y repartimos sobre ellos dos cucharadas de nata, la cebolla pochada y bien escurrida de aceite, el bacalao y las pasas.

Mantenemos en el horno unos 15 minutos.

Sugerencia: Esta receta puede elaborarse sustituyendo la nata por tomate frito suave.

reduce recicla reutiliza

Pimientos rellenos de bacalao y gambas

Ingredientes

- Resto de bacalao, sin salsa
- ½ cebolla
- 10 gambas congeladas
- 1 cs de harina
- Leche
- 1 lata de pimientos de piquillo

Salsa

- 1 cebolla mediana
- ½ manzana
- 1-2 pimientos (de la lata)
- ½ vasito de vino blanco
- Aceite

Elaboración

Preparamos primero la salsa. Pochamos la cebolla con un poco de aceite, le añadimos la manzana pelada y troceada y rehogamos 2 minutos. Vertemos luego el vino blanco y reducimos su volumen. Incorporamos un par de pimientos de la lata, por ejemplo, los que estén rotos, rectificamos de sal y lo pasamos por la batidora. Reservamos.

Pochamos la cebolla picada con un poco de aceite y, cuando esté blanda, salteamos las gambas peladas y troceadas. Agregamos la harina, removemos un par de veces y vamos echando la leche poco a poco, hasta conseguir que se forme una besamel espesa. Acompañamos el pescado desmigado y dejamos enfriar un poco.

Rellenamos los pimientos con la besamel de pescado, y, en la versión más laboriosa, los rebozamos en harina y huevo (con cuidado de que no pierdan el relleno). Los dejamos enfriar, los freímos y reservamos en papel de cocina.

La versión más sencilla es presentarlos en una fuente sin rebozar.

Siempre, en ambos casos, los servimos cubiertos con la salsa.

Sugerencia:

En caso de no tener a mano unas gambas, se puede añadir huevo duro.

84
Bacalao

Porrusalda

Ingredientes

- Bacalao
- Puerros
- Patatas
- Aceite
- Ajo

Elaboración

Lavamos bien los puerros y los troceamos en rodajas de 1 cm de grosor. Pelamos aparte las patatas, las lavamos y cascamos en trozos medianos.

Disponemos luego los puerros y las patatas en una olla con agua fría, les agregamos sal y, tapados, cocemos todo a fuego lento durante 30 o 40 minutos (en olla exprés unos 3-4 minutos al máximo; apagar luego el fuego y dejar que se hagan mientras baja la presión).

Preparamos un sofrito con unos ajos laminados y lo vertemos en la olla junto con el bacalao. Le damos un último hervor y lo servimos.

¡Sabías que...? La parte verde de los puerros es donde más vitaminas se concentra. Si no las empleas en el guiso, guárdalas para sopas o sofritos.

reduce recicla reutiliza

Tortilla de bacalao

Ingredientes

- Resto de bacalao, sin salsa
- Cebolla
- Huevos
- Perejil picado
- Sal y aceite

Elaboración

Pochamos la cebolla, bien picada, en un poco de aceite. Cuando esté transparente, incorporamos el bacalao desmigado y el perejil picado.

Damos un par de vueltas para que se caliente el bacalao, ya que está cocinado. Lo retiramos y escurrimos un poco el aceite.

Batimos los huevos en un cuenco y añadimos el bacalao y la cebolla pochada. Mezclamos bien todo.

En otra sartén antiadherente aparte, cuajamos la tortilla a fuego medio. Está más rica jugosa que muy cuajada.

¡Sabías que...?

Si se te ha olvidado desalar el bacalao y necesitas cocinarlo enseguida, tienes que pasarlo por agua fría y frotarlo bien; después, lo hierves durante 10 minutos en leche y... ¡listo para cocinar!

pescados

Bacalao

Tortilla de garbanzos con bacalao

Ingredientes

- Bacalao
- 100 g de garbanzos cocidos
- ½ pimiento rojo
- 1 cebolla
- 6 huevos
- Ajo en polvo
- Perejil picado
- Aceite de oliva

Elaboración

Lavamos y picamos fino la cebolla y el pimiento rojo. Ponemos una sartén al fuego con tres cucharadas de aceite y, acto seguido, echamos la cebolla y el pimiento.

Cuando esté todo pochado, añadimos los garbanzos cocidos, ponemos una pizca de sal y, pasados 4 minutos más o menos, incorporamos el bacalao troceado y un poco de perejil picadito. Removemos y apartamos del fuego.

Rápidamente, batimos en un cuenco los huevos con algo de ajo en polvo y les agregamos el contenido de la sartén: la cebolla con el pimiento, los garbanzos y el bacalao. Mezclamos bien todo.

En una sartén grande vertemos un poco de aceite, esparciéndolo bien por toda la superficie para que no se nos pegue la tortilla. Cuando el aceite esté caliente, echamos la mezcla y cuajamos la tortilla como de costumbre.

Sugerencia: Si tenemos poco bacalao, podemos completarlo con unas espinacas congeladas.

Pescado blanco

Calabacines rellenos de pescado

Ingredientes

- Pescado
- 2 calabacines medianos
- 1 cebolla grande
- 1 cs colmada de harina
- 250 ml de leche
- 3 cs de aceite
- Sal, pimienta
- Nuez moscada
- Queso rallado

Elaboración

Lavamos bien los calabacines, les cortamos los extremos y los abrimos a la mitad. Con un cuchillo o una cucharilla retiramos la carne, dejando la piel, y la picamos. Reservamos.

Picamos también la cebolla y la sofreímos en la sartén con el aceite, removiendo. Incorporamos a continuación la carne del calabacín, salpimentamos y seguimos removiendo.

Pasados 2 o 3 minutos agregamos una cucharada colmada de harina, mezclamos bien y cocinamos unos minutos más. Vertemos la leche, acompañamos un poco de nuez moscada y continuamos removiendo con una cuchara de madera hasta obtener la consistencia de una besamel suave. Añadimos el pescado desmenuzado y removemos.

Colocamos los calabacines en la bandeja del horno, sobre papel vegetal, y los rellenamos con la mezcla. Los espolvoreamos con queso rallado especial para gratinar.

Precalentamos el horno a 180 °C e introducimos la bandeja en la parte del medio. Después de 10 minutos, comprobamos si están gratinados... ¡y listo!

Empanadillas de pescado

Ingredientes

- Ración de pescado, limpio de espinas
- 1 sobre pequeño de masa para empanadillas (16 obleas)
- ½ cebolla mediana
- 1 bote pequeño de tomate frito
- 1 lata pequeña de pimiento morrón
- 2 huevos
- Aceite de oliva
- Sal

Elaboración

En primer lugar, ponemos a cocer los huevos (unos 15 minutos). Ya cocidos, los enfriamos en agua fría. Mientras tanto picamos muy fino la cebolla, y también el pimiento morrón; por separado.

Calentamos la sartén con un chorrito de aceite y pochamos la cebolla. Una vez transparente, la retiramos y echamos en un recipiente con el pimiento morrón, el tomate frito, los huevos muy picaditos y el pescado (limpio de espinas y desmigado). Y lo mezclamos todo bien con la ayuda de un tenedor.

Preparamos las obleas, y en cada una de ellas vamos poniendo una cucharadita del relleno de pescado. Las cerramos y sellamos con un tenedor.

Después de preparadas y selladas, vertemos abundante aceite en una sartén puesta al fuego y, cuando caliente, vamos echando las empanadillas. Esperamos a que estén doradas por ambos lados, las retiramos y ponemos a escurrir sobre papel absorbente.

Espaguetis a la marinera

Ingredientes

- Pescado blanco, limpio de espinas
- Gambas
- 400 g de espaguetis
- Sucedáneo de caviar
- 2 dientes de ajo
- ½ cebolleta
- ½ puerro
- ½ cayena (opcional)
- 1 vasito de vino blanco
- Perejil picado
- Aceite de oliva

Elaboración

Ponemos agua con sal a calentar y cocemos en ella los espaguetis.

Mientras tanto, en una sartén pochamos el ajo, la cebolla y el puerro; todo picado muy fino. Cuando estén hechos, añadimos las gambas peladas y las salteamos un momento. Vertemos luego el vino blanco y dejamos que se reduzca un poco. Por último, incorporamos el pescado desmenuzado y el caviar. Tapamos y reservamos fuera del fuego.

Escurrimos bien los espaguetis ya cocidos y los salteamos con la salsa un momento antes de servirlos.

Sugerencia:
Podemos hacer este plato más cremoso con tan solo añadirle unos 100 ml de nata. ¡Realmente maravilloso!

Pastel de pescado

Ingredientes

- 400 g de pescado
- 4 huevos
- 1 cebolla
- 1 puerro
- 4 cs de nata
- 4 cs de salsa de tomate
- Aceite, sal y pimienta

Elaboración

Preparamos primero un molde de microondas untado con mantequilla.

Pochamos la cebolla y el puerro con el aceite. Cuando estén tiernos, los pasamos por la batidora. Agregamos luego los huevos, la nata y el tomate y batimos de nuevo. Añadimos el pescado desmigado y removemos con cuidado.

Vertemos la preparación anterior sobre el molde ya preparado y cocemos 18 minutos en el microondas al 75 % de potencia. (Comprobamos si está bien cuajado, cuando al pinchar en el centro con una brocheta esta sale seca).

Dejamos enfriar un poco y, una vez tibio, lo desmoldamos. Decoramos con mayonesa.

Sugerencia: En caso necesario añadir otro filete de pescado congelado o unas gambas o langostinos troceados, que habrá que saltear un momento antes de acompañar a la mezcla.

Pastel de pescado y piquillos

Ingredientes

- 400 g de pescado
- 4 huevos
- 1 lata de pimientos de piquillo
- 1 cebolla
- 1 puerro
- 100 ml de nata
- Aceite, sal y pimienta

Elaboración

Preparamos primero un molde de microondas untado con mantequilla.

Pochamos la cebolla y el puerro con el aceite. Cuando estén tiernos, los pasamos por la batidora. Agregamos luego los huevos y la nata y batimos de nuevo. Añadimos el pescado desmigado y los pimientos de piquillo, dejando uno para decorar, y batimos una vez más.

Vertemos la preparación sobre el molde ya preparado y cocemos 18 minutos en el microondas al 75 % de potencia. (Comprobamos si está bien cuajado, cuando al pinchar en el centro con una brocheta esta sale seca).

Dejamos enfriar un poco y, una vez tibio, lo desmoldamos. Decoramos con mayonesa.

¡Sabías que...?

Todas aquellas recetas que necesitan hacerse al baño maría, pueden sustituir este paso por el microondas: es más rápido y económico.

pescados

Pescado blanco

Patatas en salsa verde con pescado

Ingredientes

- Pescado blanco
- 4 patatas medianas
- 1 cebolla
- 2 dientes de ajo
- 1 pimiento verde
- Perejil
- Aceite, sal y pimienta

Elaboración

Picamos fino la cebolla, el ajo y el pimiento, y pochamos en una cazuela con aceite.

Una vez listo, añadimos las patatas peladas, lavadas y cascadas en trozos, junto con la mitad del perejil. Sofreímos un par de minutos, cubrimos con agua y dejamos hervir 15 minutos.

Cuando las patatas estén tiernas, agregamos el pescado desmigado y el perejil. Apartamos luego del fuego, tapamos y servimos en 5 minutos.

Sugerencia: Si nos queda un poco del pescado de la comida, se puede acompañar con un huevo escalfado por persona.

reduce recicla reutiliza

Pescado con mayonesa

Ingredientes

- Pescado blanco desmigado
- Lechuga en tiras
- ½ cebolleta
- Mayonesa
- Perejil picado
- Rebanadas de pan

Elaboración

Picamos primero muy fino la media cebolleta.

En una fuente honda mezclamos luego la lechuga, la cebolleta, el pescado y la mayonesa.

Al momento de servir, hacemos montañitas sobre el pan con una cuchara y decoramos con el perejil.

Sugerencia:
Para aumentar la consistencia de este aperitivo, se le añade un huevo duro picado.

Pescado blanco

Sopa de pescado con arroz

Ingredientes

- Pescado blanco
- Caldo de pescado
- 1 cebolla
- 1 puerro
- 1 taza de café de arroz
- 2 cs de tomate frito (o azafrán)
- Aceite y sal

Elaboración

Picamos fino la cebolla y el puerro, y pochamos ambos en una cazuela con aceite.

Cuando estén tiernos acompañamos el arroz, sofreímos 2 minutos y vertemos también el caldo de pescado hirviendo.

Dejamos cocer 12 minutos y, al final, incorporamos el pescado blanco desmigado y el tomate frito para darle color.

Sugerencia:
Si se quiere imitar a una sopa bullabesa, presentar el plato acompañado de una rebanada de pan frito con una cucharadita de mayonesa.

reduce recicla reutiliza

Tortilla de pescado con espinacas

Ingredientes

- Resto de pescado, sin salsa ni espinas
- ½ cebolla
- 100 g de espinacas congeladas
- 5 huevos
- Sal, pimienta blanca y aceite

Elaboración

En una sartén pochamos, con muy poquito aceite, la cebolla bien picada.

Cuando esté transparente incorporamos las espinacas, previamente hervidas y muy escurridas, removemos y añadimos el pescado desmigado. Salpimentamos.

Pasados unos minutos, lo retiramos del fuego y ponemos a escurrir para eliminar el exceso de agua y aceite.

En un bol aparte batimos los huevos, los mezclamos con el pescado y cuajamos la tortilla a fuego medio.

Sugerencia: Para realizar esta receta, podemos utilizar cualquier tipo de pescado que nos haya quedado.

Arroz con salmón y piña a la salsa rosa

Ingredientes

- Ración de salmón
- 2 tazas de arroz
- 8 langostinos
- 4 rodajas de piña
- 2 cs de maíz
- Salsa rosa (pág. 61)
- Sal

Elaboración

Cocemos el arroz y lo reservamos. Cocemos asimismo los langostinos y los pelamos. Tanto uno como los otros, dejamos que enfríen.

Pasamos el arroz a una ensaladera y agregamos el salmón desmigado, los langostinos cortados en trocitos, las rodajas de piña troceadas y las dos cucharadas de maíz. Sazonamos al gusto y, por último, repartimos por encima la salsa rosa.

Sugerencia:

Se aconseja dejar reposar la ensalada en la nevera una hora antes de consumirla.

reduce recicla reutiliza

Coliflor con salmón y queso

Ingredientes

- 400 g de salmón
- 300 g de coliflor
- 3 patatas medianas
- 1 cebolla mediana
- Queso rallado
- Aceite
- Mantequilla, sal y pimienta

Elaboración

Lavamos y troceamos la coliflor. Aparte, pelamos y hacemos dados pequeños las patatas. Ponemos a hervir ambas por separado. Una vez cocidas, las dejamos escurrir y reservamos.

Vertemos en una sartén un chorrito de aceite y echamos la cebolla troceada. Ya pochada, que quede transparente, agregamos el salmón desmigado y salpimentamos; removemos y en 2 minutos apartamos y reservamos.

Preparamos a continuación una fuente de horno untada con mantequilla y tapizamos su fondo con las patatas, añadimos encima la coliflor y salpimentamos un poco. Por último, volcamos el revuelto de salmón y cebolla, bien extendido, lo cubrimos de queso rallado y salteamos con unas nueces pequeñitas de mantequilla. Llevamos el conjunto al horno y gratinamos 6 minutos.

¡Sabías que...?

El pescado tendrá mucho más sabor y estará más entero, si al cocerlo echas al agua unas gotas de limón.

Ensalada de pasta con salmón

Ingredientes

- Salmón
- Pasta corta cocida
- Pepinillos agridulces
- Aceitunas negras
- 1 lata de maíz dulce
- Aceite de oliva
- 1 yogur griego
- Vinagre de jerez
- 4 hojas de menta

Elaboración

Preparamos primero el aliño, batiéndolo bien en un cuenco. Reservamos.

En una fuente honda, disponemos la pasta cocida al dente junto con los pepinillos cortados en láminas, las aceitunas negras, el maíz bien escurrido y el salmón. Agregamos el aliño y mezclamos todo bien.

Servimos la ensalada decorada con las hojas de menta picadas.

¡Sabías que...?

La pasta quedará al dente si respetas los tiempos de cocción del envase, y si al retirarla del fuego la escurres y refrescas con agua muy fría.

reduce recicla reutiliza

Ensalada de salmón con remolacha

Ingredientes

- Salmón
- Lechuga variada
- 1 manzana
- 1 remolacha cocida
- Nueces peladas
- Aceite de oliva
- 1 limón
- 1 cs de miel

Elaboración

Mezclamos bien y preparamos el aliño en un cuenco. Reservamos.

En una fuente amplia colocamos la lechuga lavada, seca y troceada con las manos. Pelamos y laminamos la manzana, que rociamos con unas gotas de limón sobre la lechuga. Cortamos la remolacha en láminas y las depositamos sobre la manzana.

Repartimos por encima el salmón y las nueces, y aliñamos.

Sugerencia:
La vinagreta puede muy bien sustituirse por una salsa de yogur.

Espaguetis con salsa de salmón

Ingredientes

- Salmón
- 400 g de espaguetis
- 1 cebolla
- 1 vasito de vino blanco
- Sucedáneo de caviar
- 200 ml de nata
- Aceite, sal y pimienta

Elaboración

Ponemos a calentar agua con sal en un recipiente y cocemos los espaguetis.

Mientras tanto, pochamos la cebolla en una sartén. Una vez blanda, vertemos el vino blanco y dejamos reducir un poco. Incorporamos también la nata y, sin dejar de remover, le damos un hervor.

Añadimos el salmón y el caviar. Tapamos todo y reservamos fuera del fuego.

Escurrimos bien los espaguetis y los servimos inmediatamente cubiertos con la salsa.

¡Sabías que...?

Si te sobra vino blanco, lo puedes congelar echándolo en los recipientes de hacer cubitos. Así, siempre que necesites vino para cocinar, no tienes más que tomar un par de cubitos y listo.

reduce recicla reutiliza

Pastel de patata con salmón y alcaparras

Ingredientes

- Salmón
- Patatas
- 1 cebolla
- ½ cs de alcaparras
- Mayonesa

Elaboración

Cocemos las patatas en agua con un poco de sal. Aparte, cortamos en aros y salteamos la cebolla.

Laminamos luego las patatas y las repartimos por el fondo de una fuente de horno, que cubrimos con la cebolla, el salmón y las alcaparras.

Envolvemos con la mayonesa y lo ponemos al *grill* para que adquiera color.

Sugerencia:

Si apetece, la mayonesa se puede sustituir por salsa rosa y las alcaparras por unos pepinillos troceados. Así se consigue un pastel de salmón al gusto.

Quiche de espinacas y salmón

Ingredientes

- Salmón
- Masa quebrada
- 400 g de espinacas
- 1 cebolla grande
- 5 huevos
- 200 ml de nata
- Sal, pimienta
- Eneldo

Elaboración

Unos 30 minutos antes de su empleo, retiramos la masa quebrada del congelador.

Pochamos la cebolla en una cazuela con el aceite caliente y, cuando esté blanda, le añadimos las espinacas ya troceadas. Después de 1 minuto, las apartamos del fuego.

En un bol batimos los huevos con la nata, la sal y la pimienta. Les agregamos también las espinacas bien escurridas y el salmón troceado, y mezclamos bien con un tenedor.

Revestimos el fondo y las paredes de un molde con la masa quebrada, vertemos la preparación anterior y espolvoreamos de eneldo. Cocemos todo a 160 °C durante 40 minutos.

¿Sabías que...? Si las espinacas son frescas, tienes que tapar la cazuela y dejarlas cocer 3 minutos a fuego bajo. Si son congeladas, las añades después de darles un hervor.

reduce recicla reutiliza

103
Salmón

Rollitos de salmón

Ingredientes

- Salmón
- Masa quebrada
- 400 g de espinacas
- 1 cebolla grande
- 5 huevos
- 200 ml de nata
- Sal, pimienta
- Eneldo

Elaboración

Unos 30 minutos antes de su empleo, retiramos la masa quebrada del congelador.

Pochamos la cebolla en una cazuela con el aceite caliente y, cuando esté blanda, le añadimos las espinacas ya troceadas. Después de 1 minuto, las apartamos del fuego.

En un bol batimos los huevos con la nata, la sal y la pimienta. Les agregamos también las espinacas bien escurridas y el salmón troceado, y mezclamos bien con un tenedor.

Revestimos el fondo y las paredes de un molde con la masa quebrada, vertemos la preparación anterior y espolvoreamos de eneldo. Cocemos todo a 160 °C durante 40 minutos.

Sugerencia:
Una vez rellenas, estas obleas se pueden freír en aceite muy caliente y servir con salsa agridulce.

pescados

Tartaletas de salmón con aguacate

Ingredientes

- Ración de salmón
- 1 aguacate maduro
- ½ manzana
- 4 palitos de cangrejo
- 6 langostinos cocidos
- 6 tartaletas
- Salsa rosa (pág. 61)

Elaboración

Trituramos el salmón, el aguacate, la manzana y los palitos de cangrejo, y lo disponemos después en un cuenco. A esta mezcla le añadimos unas cucharadas de salsa rosa (al gusto).

Vamos rellenando las tartaletas y, una vez rellenas, las depositamos en una fuente. Las coronamos con una cucharadita de salsa rosa y un langostino pelado.

¡Listas para disfrutar de su sabor!

reduce recicla reutiliza

Sardinas

Ensalada de tomate con sardinas

Ingredientes

- Ración de sardinas, limpias de espinas
- 3 tomates fuertes (para ensalada)
- 1 diente de ajo
- Orégano
- Sal, aceite y vinagre

Elaboración

Cortamos los tomates en rodajas y las vamos depositando en una fuente. Picamos el ajo muy fino y lo repartimos por encima de los tomates. Incorporamos luego los trozos de sardina sobre los tomates.

Espolvoreamos la preparación de orégano y echamos la sal, el aceite y, por último, el vinagre.

¡No puedes imaginarte como algo tan sencillo resulta tan exquisito!

espaguetis

fajitas rellenas

empanadill

pollo

fideos chinos

tartalet.

ensalada de a

pollo

El pollo nos aporta una carne nutritiva y de fácil digestión, baja en grasas, sobre todo cuando se cocina sin piel magra. Es un alimento muy versátil que, según las características de cada parte, admite su preparación de múltiples maneras en toda clase de recetas diferentes. Los muslos y contramuslos tienen una carne un poco más oscura, pero también más sabrosa y jugosa. La pechuga es la zona del pollo que menos grasa tiene, por lo que su carne suele ser más seca, pero permite su empleo en numerosas recetas. Las alitas son con diferencia la parte más sabrosa del pollo, muy económicas y fáciles de preparar, pero debemos tener en cuenta que tienen más grasa y casi todo son huesos.

Presentamos ahora y aquí una serie de recetas muy útiles para aprovechar ese pollo cocinado que muchas veces suele sobrar, preparaciones como las tradicionales croquetas hasta otras también muy sencillas con un toque bien diferente. En cualquier caso, cuando cocinamos pollo hemos de tener en cuenta una serie de consideraciones:

La pechuga es la zona del pollo que menos grasa tiene, por lo que su carne suele ser más seca, pero permite su empleo en numerosas recetas.

- El pollo fresco, una vez adquirido, hay que enfriarlo y conservarlo refrigerado (ideal a menos de 4 °C), y consumirlo dentro de las 24-48 horas posteriores, ya que se estropea muy rápido. Si no se va a consumir en ese plazo, lo mejor es congelarlo.

- La carne de pollo requiere prepararla bien, que no quede cruda; y si sobra algo de la ya cocinada, hay que refrigerarla enseguida.

- Al día siguiente el pollo puede reutilizarse en una segunda preparación, pues no conviene dejarlo «olvidado» en el frigorífico para consumirlo luego al cabo de tres días. Y si sobra de nuevo, es mejor desecharlo.

- Hay que tener siempre en cuenta que no es recomendable recalentar varias veces la misma comida, ya que pierde sus propiedades nutritivas, se estropea y esa misma degradación puede perjudicar nuestra salud.

- Todas las recetas que incluimos a continuación se pueden realizar, además de con pollo, con pavo o con cualquier otra ave; o, también, incluso con carne de otra clase.

pollo

Arroz al estilo oriental

Ingredientes

- Pollo
- Arroz largo
- Cebolla
- Pimiento
- Zanahoria
- 1 lata de guisantes
- ½ vaso de vino blanco
- 1 cs de azúcar moreno
- Aceite y sal

Elaboración

Cortamos la cebolla, el pimiento y la zanahoria en juliana. Mezclamos con los guisantes bien escurridos y salteamos todo en una sartén amplia con un poco de aceite.

Añadimos a continuación el pollo, lo salteamos un minuto y acompañamos salsa de soja, el vino, el azúcar moreno y la sal. Salteamos hasta que se reduzca el vino.

Mezclamos en el momento de servir con arroz largo cocido.

¡Sabías que...? Si te gusta que el arroz hervido quede muy blanco, has de añadirle unas gotas de limón al agua de cocción.

Bolitas de pollo y sésamo

Ingredientes

- Pollo
- 5 patatas medianas
- 1 huevo
- Sésamo
- Pan rallado
- Aceite
- Pimienta, ajo en polvo y sal

Elaboración

Pelamos las patatas y las ponemos a cocer en una cazuela con agua y sal durante 20 minutos. Cuando estén listas, las trituramos con un tenedor y dejamos enfriar.

En un cuenco echamos el pollo, previamente triturado, y lo aderezamos con el ajo en polvo, la sal y un poco de pimienta. Agregamos las patatas y removemos bien para que se mezcle todo. Después incorporamos el huevo batido y volvemos a remover. Preparamos en un plato el pan rallado mezclado con el sésamo, hacemos las bolitas con las manos (pequeñas para freír mejor) y las rebozamos en la mezcla.

Ponemos una sartén pequeña, un poco profunda, con aceite al fuego y, una vez bien caliente, vamos echando las bolitas de pollo y patata. Las dejamos hacer hasta que adquieran un tono doradito, las retiramos luego y las vamos colocando sobre papel absorbente.

¿Sabías que...?
Para pelar bien las patatas hervidas, tenemos que sumergirlas en agua fría inmediatamente después de la cocción.

pollo

Canelones de pollo

Ingredientes

- Pollo
- Masa de canelones
- Cebolla
- Champiñones
- Besamel
- Salsa de tomate
- Mantequilla y queso para gratinar

Elaboración

Preparamos los canelones según las indicaciones que figuran en el envase.

Pochamos la cebolla en la sartén con el aceite. Una vez blanda, le agregamos los champiñones laminados y limpios. Dejamos a fuego medio o bajo 5 minutos. Vertemos el vino a fuego más alto y, cuando se haya reducido, incorporamos el pollo ya troceado.

Escurrimos el caldo que tenga y le añadimos el tomate frito y un huevo batido. Mezclamos bien y rellenamos los canelones.

Cubrimos una fuente de horno con un poco de besamel, disponemos los canelones rellenos encima y echamos sobre ellos el resto de la besamel. Ponemos cuatro avellanas de mantequilla y el queso y gratinamos a 200 °C.

¡Sabías que...?
Si al agua donde vas a cocer la masa de los canelones le echas una cucharadita de orégano, estos te quedarán con más sabor y aroma.

reduce recicla reutiliza

Croquetas de pollo

Ingredientes

- Pollo
- ½ cebolla
- 1 puerro (pequeño)
- 4 cs rasas de harina
- 1 vaso de leche
- 3 quesitos en porciones
- 50 g de mantequilla
- Huevo
- Pan rallado
- Aceite, sal, pimienta y nuez moscada en polvo

Elaboración

Empezamos triturando el pollo, que dejamos ya preparado.

Seguidamente, en una sartén puesta al fuego, calentamos la mantequilla y dos cucharadas soperas de aceite. Cuando empiecen a mezclarse, añadimos el puerro y la cebolla previamente triturados (para las croquetas es mejor triturado que cortado). Una vez doraditos ambos agregamos el pollo, removemos e incorporamos los quesitos en porciones y damos un toque de pimienta y sal. Seguimos removiendo y vertemos el vaso de leche, volvemos a remover y aportamos la harina y una pizca de nuez moscada en polvo (al gusto).

Nada más la mezcla adquiera cuerpo (el punto exacto es cuando la masa empieza a desprenderse de la sartén), apartamos del fuego y dejamos enfriar. (Mejor hacer la masa de las croquetas de un día para otro).

Después de haber enfriado la masa, formamos las croquetas con las manos, o bien con dos cucharas, las pasamos de seguido por el huevo batido y, por último, por el pan rallado.

Ponemos la sartén al fuego con abundante aceite y freímos las croquetas hasta que luzcan un bonito color dorado. Las vamos retirando luego del aceite y dejamos reposar sobre papel absorbente.

¡Sabías que...?
Para evitar que el pan rallado se queme cuando hagas croquetas o carne empanada, se recomienda echar en el aceite tres o cuatro palillos de madera.

Ensalada de arroz con pollo

Ingredientes

- Pollo
- Arroz largo
- Manzana
- Piña
- Zanahoria
- Salsa rosa (pág. 61)
- Aceite de girasol
- 1 huevo
- Sal
- 2 cs de kétchup
- 1 cs de tomate frito
- 1 cs de zumo de naranja

Elaboración

Cocemos el arroz en abundante agua con sal. Recién hervido, lo pasamos a un escurridor y enfriamos con agua fría. Reservamos.

En una ensaladera aparte vamos poniendo el pollo, la manzana y la piña troceados, que mezclamos suavemente con el arroz. A continuación, tras regar con la salsa rosa, seguimos mezclando con sumo cuidado.

Lo servimos todo en cuencos individuales y decoramos con la zanahoria rallada.

¡Sabías que...?
Los pollos ecológicos se alimentan con cereales procedentes de agricultura ecológica y en granjas con acceso a corrales o campos.

reduce recicla reutiliza

Ensalada de pollo

Ingredientes

- Lechuga
- Manzana o pera
- Queso azul
- Nueces
- Pollo desmigado
- Mayonesa

Elaboración

Lavamos la lechuga y la preparamos en tiras o en trozos pequeños.

Pelamos la manzana o pera y la cortamos en láminas no muy finas y pequeñas. Rociamos con unas gotas de limón.

Disponemos todo en una fuente, mezclamos bien y servimos para su degustación.

¡Sabías que...?
Si a la mayonesa le pones una cucharadita de mostaza dulce y unas gotas de salsa Perrins, harás que se potencie su sabor y ligará muy bien con el pollo.

pollo

Ensaladilla de pollo

Ingredientes

- Pollo
- 2 zanahorias
- 2 patatas medianas
- ¼ kg de guisantes
- ¼ kg de judías verdes
- Mayonesa
- Sal

Elaboración

Lavamos, pelamos y cortamos las patatas, las zanahorias, las judías y los guisantes. Luego, lo ponemos todo a hervir en una olla con agua y sal durante 20 minutos. Escurrimos las verduras una vez listas y las dejamos enfriar.

Desmenuzamos el pollo y hacemos la mayonesa al gusto.

Cuando haya enfriado la ensaladilla, la pasamos a una ensaladera y le añadimos el pollo y la mayonesa. Removemos bien y, antes de consumirla, la mantenemos en la nevera unos minutos.

¡Sabías que...?

Los pollos etiquetados como de «Granja al aire libre» y «Granja de cría en libertad» son pollos de crecimiento lento (más de 81 días de edad), que han disfrutado con salidas a campos y corrales y se han alimentado con más del 70 % de cereales.

reduce recicla reutiliza

Empanadillas de pollo

Ingredientes

- Cebolla
- Pimiento verde
- 1 lata pequeña de maíz
- Tomate frito
- 1 huevo
- Pollo desmigado

Elaboración

Preparación del relleno: Pochamos en una sartén, con aceite de oliva, la cebolla y el pimiento verde. Incorporamos a continuación el maíz bien escurrido, el pollo, el huevo duro picado muy fino y la salsa de tomate. Mezclamos con cuidado.

Extendemos las empanadillas sobre un papel de horno, y sobre cada una de ellas depositamos un poco del relleno (¡ojo con la cantidad!, que se puedan cerrar las empanadillas).

Ya cerradas, las embadurnamos con huevo batido y cocemos a horno medio.

¡Sabías que...?
Los pollos normales son de una clase de crecimiento muy rápido, que se crían con métodos intensivos y alcanzan los dos kilos de peso en menos de 42 días.

Espaguetis con pollo al curry

Ingredientes

- Pollo
- Cebolla
- Ajo
- Almendras crudas
- Nata
- Aceite de oliva
- Curry en polvo
- Espaguetis

Elaboración

Ponemos suficiente cantidad de agua a hervir y cocemos en ella los espaguetis.

Pochamos aparte la cebolla y el ajo bien picados. Cuando estén listos, incorporamos las almendras picadas, el pollo troceado y el curry. Salteamos durante un par de minutos y agregamos la nata, removiendo a fuego bajo para que la salsa no se pegue. Corregimos de sal.

Una vez cocidos los espaguetis, los escurrimos y servimos inmediatamente en una fuente cubiertos por la salsa.

¡Sabías que...?

El curry es una mezcla de varias especias, muy empleada en la cocina asiática. Existen tres variedades de curry: amarillo, verde y rojo.

reduce recicla reutiliza

Fajitas rellenas

Ingredientes

- 1 cebolla
- 1 pimiento rojo
- 1 pimiento verde
- ½ calabacín
- 4 cs de salsa de tomate
- Cayena o tabasco (opcional)
- Pollo
- Tortillas mexicanas

Elaboración

En una sartén con un poco de aceite, salteamos la cebolla y los pimientos cortados en tiras. Cuando hayan ablandado un poco, incorporamos el calabacín hecho tiras. Salteamos a fuego medio durante 2 minutos y añadimos luego el pollo troceado igualmente en tiras.

Calentamos las fajitas por un lado en una sartén, les damos la vuelta y freímos también. Las depositamos luego en un plato (en 1 minuto), les ponemos unas cucharadas del relleno y las enrollamos. Las servimos inmediatamente.

El tabasco lo pone cada comensal a su gusto.

¿Sabías que...?
Tanto el capón (macho) como la pularda (hembra) son pollos castrados, motivo por el que crecen más y tienen la carne más sabrosa que los pollos normales.

pollo

Fideos chinos

Ingredientes

- Pollo
- Cebolla
- Zanahoria
- Pimiento
- Brotes de soja (opcional)
- ½ vasito de vino blanco
- Salsa de soja
- Fideos chinos
- Azúcar
- 3 cs de aceite
- Sal

Elaboración

Cortamos la cebolla y el pimiento en tiras finas. Luego, rallamos gruesa la zanahoria.

Calentamos aceite en una sartén o en el *wok* y salteamos en ella la cebolla, el pimiento y la zanahoria rallada, hasta que ablanden.

Mientras tanto, ponemos agua a calentar en una cazuela y cocemos los fideos (según las instrucciones del envase: suelen estar hechos en un par de minutos).

Salteamos un momento el pollo y los brotes de soja escurridos. Rociamos después con el vino blanco y la salsa de soja. A los dos minutos, añadimos el azúcar y la sal.

Escurrimos bien los fideos y mezclamos con el preparado anterior.

¡Sabías que...?
Si te preocupa lo que comen los pollos, puedes comprar pollos alimentados con una dieta a base de cereales (aparece en el etiquetado). Una alimentación a base de maíz hace que la piel sea más amarilla, ya que el color de esta refleja la alimentación que ha tenido el pollo.

reduce recicla reutiliza

Hojaldre de pollo al curry

Ingredientes

- Pollo desmigado
- 1 lámina de hojaldre congelado
- 1 cebolla
- 1 pimiento (rojo o amarillo)
- Salsa de tomate
- Curry en polvo

Elaboración

Dejamos que el hojaldre descongele media hora.

Precalentamos el horno 10 minutos a 180 °C.

Extendemos luego el hojaldre, ya descongelado, sobre un molde revestido con papel vegetal de horno. Sin pincharlo, lo cocemos unos 15 minutos en el horno.

Mientras cuece el hojaldre, cortamos la cebolla y el pimiento en tiras finas y las salteamos en una sartén con aceite. Nada más ablanden, agregamos el pollo, le damos unas vueltas y añadimos el curry en polvo y, después, regamos con la salsa de tomate.

A la hora de retirar el hojaldre del horno, debemos asegurarnos de que está totalmente hinchado. Abrimos este por un costado, incorporamos el relleno de pollo y aplastamos un poco con la mano. Lo servimos.

¡Sabías que...?
En la Unión Europea hay una normativa de «bienestar animal» que regula las condiciones ambientales (luz, temperatura, ventilación...) y la superficie que cada pollo ha de tener en la granja, así como los requisitos de limpieza y manejo.

Macarrones con pollo y paté

Ingredientes

- Pollo
- ½ kg de macarrones
- 1 lata de paté
- 1 lata de tomate triturado de ½ kg
- 3 cs de tomate frito
- 1 cebolla pequeña
- 1 pimiento verde pequeño
- 1 ajo
- 1 ct de azúcar
- 4 cs de aceite
- Sal, orégano, un cubito de caldo, y medio vasito de vino blanco

Elaboración

Ponemos a hervir los macarrones en una olla con abundante agua y les echamos un poco de sal. Una vez cocidos, los dejamos escurrir.

Troceamos los ajos, la cebolla y el pimiento, y lo pasamos todo por la picadora para que quede bien triturado. Echamos cuatro cucharadas soperas de aceite en una cazuela y, una vez caliente, volcamos en ella el triturado anterior.

Removemos y dejamos pochar 3 minutos, momento en que incorporamos el pollo y la lata de paté. Removemos de seguido y añadimos el cubito de caldo, el orégano y la sal. Removemos de nuevo y vertemos el vino. Pasados 3 o 4 minutos agregamos el tomate triturado y, antes de remover, ponemos la cucharadita de azúcar.

Ahora sí lo mezclamos todo con ayuda de una cuchara de palo y, pasados un par de minutos, distribuimos por encima el tomate frito.

Lo dejamos cocer aproximadamente 10 minutos, y pasamos también los macarrones a la cazuela. Removemos de nuevo y apartamos del fuego.

¡Sabías que...?
Los macarrones han de hervir siempre con la olla destapada, de lo contrario nunca te quedarán al dente.

reduce recicla reutiliza

Pollo con garbanzos y espinacas

Ingredientes

- Pollo
- ½ kg de espinacas
- 1 bote de garbanzos
- 2 ajos
- 4 cs de aceite
- Sal, comino, pimienta, un cubito de caldo y medio vasito de vino blanco

Elaboración

Lavamos las espinacas y hervimos durante 5 minutos (si son congeladas, las echamos directamente en la olla con agua hirviendo y mantenemos la cocción 3 minutos). Una vez listas, las pasamos a un escurridor para que suelten todo el agua.

Calentamos el aceite en una cacerola con los ajos cortados en láminas. Sin esperar a que se doren volcamos los garbanzos cocidos (lavados antes con agua fría), los removemos junto con los ajos y, pasados 3 minutos, agregamos el pollo previamente desmenuzado. Añadimos asimismo un poco de pimienta recién molida, algo de comino en polvo, la sal y el cubito de caldo. Removemos y enseguida remojamos todo con medio vasito de vino blanco.

Por último, una vez consumido el vino, agregamos las espinacas. Cocemos durante 7 minutos y retiramos del fuego. Dejamos 5 minutos en reposo.

¡Sabías que...?

Antes de echar los garbanzos también se puede añadir, bien picadito, un poco de beicon, conejo o pavo.
Con cualquiera de estos ingredientes, quedará exquisito.

Pollo con tomate y patatas

Ingredientes

- Pollo
- Tomate
- Patatas
- Ajo
- Cebolla
- Aceite
- Azúcar
- Sal

Elaboración

En una cacerola ancha, ponemos aceite con el ajo y la cebolla picados. Una vez rehogado, agregamos el tomate troceado con una cucharadita de azúcar, removemos un poco y añadimos la sal. Dejamos a fuego lento unos minutos.

Pelamos las patatas, las cortamos en dados y las freímos en una sartén. Aparte, troceamos el pollo.

Una vez hecho el sofrito de tomate, lo retiramos del fuego e incorporamos las patatas y el pollo. Lo dejamos reposar 5 minutos antes de servir.

¡Sabías que...?

Para pelar los tomates con mayor comodidad, debes sumergirlos en agua hirviendo durante 25 o 30 segundos. Observarás que la piel sale fácilmente.

reduce recicla reutiliza

Sopa de pollo con verduras y huevo duro

Ingredientes

- Pollo
- 1 cebolla pequeña
- 1 puerro
- 1 zanahoria
- 1 ajo
- 2 huevos
- 150 g de pasta maravilla
- Aceite, sal, perejil y pimienta

¡Sabías que...?

Para que la cáscara de los huevos duros se desprenda con facilidad, hay que pelarlos debajo del grifo cayéndoles un chorrito de agua fría.

Elaboración

Lavamos y troceamos el ajo, la cebolla, el puerro y la zanahoria.

En un cazo con agua, ponemos a hervir los huevos durante 20 minutos (añadir al agua un chorrito de vinagre para que se pelen bien).

Aparte, calentamos tres cucharadas soperas de aceite en una cazuela grande y añadimos toda la verdura troceada. Removemos. Una vez el sofrito pochado, incorporamos el pollo en trocitos y removemos de nuevo. Agregamos la sal, el perejil y una pizca de pimienta molida (al gusto). Pasados 3 minutos, vertemos litro y medio de agua. Una vez empieza a hervir, echamos la pasta maravilla.

Mientras pasan 10 minutos hasta dejar la pasta en su punto, preparamos un mortero.

Pelamos los huevos y separamos las yemas de las claras. Troceamos las claras y las adicionamos directamente a la sopa mientras está cociendo; las yemas, las majamos en el mortero con una cucharadita de aceite de oliva y una cucharada sopera de vinagre de manzana. Como toque final, damos un golpe de comino en polvo (opcional).

Por último, una vez apagado el fuego, acompañamos la sopa con las yemas majadas y, de esta manera, la dejamos lista para servir.

Suflé de pollo

Ingredientes

- Cebolla
- Champiñones
- Pollo
- Leche
- Harina
- Claras de huevo
- Queso rallado
- Sal, nuez moscada
- Aceite

Elaboración

Pochamos la cebolla en la sartén con el aceite. Cuando esté pochada, añadimos los champiñones limpios, secos y cortados en trozos pequeños. Dejamos cocer 5 minutos.

Agregamos a continuación la harina y, sin parar de remover, la tostamos un poco; luego, vertemos la leche poco a poco, sin dejar asimismo de remover, para hacer una besamel. Cuando esté, incorporamos el pollo, la nuez moscada y la sal. Dejamos enfriar unos 10 minutos.

Mientras tanto, batimos las claras a punto de nieve y mezclamos con cuidado con la besamel anterior. Pasamos todo a un molde alto para el horno, espolvoreamos de queso rallado y doramos en el *grill* unos minutos.

¡Sabías que...? Existen dos consejos imprescindibles para el suflé: jamás se debe abrir el horno mientras está subiendo y, una vez fuera del horno, se recomienda servirlo inmediatamente, ya que pasados unos 15 minutos empieza a desinflarse.

reduce recicla reutiliza

Tartaletas de pollo con guisantes

Ingredientes

- Pollo
- Guisantes
- Cebolla
- Puerro
- Tartaletas
- 100 ml de nata
- Orégano
- Vino
- Sal y pimienta

Elaboración

Picamos finamente la cebolla y el puerro; luego, los pochamos en la sartén con un poco de aceite. Añadimos los guisantes con un vasito de vino blanco y, pasados 5 minutos, incorporamos el pollo picado, salpimentamos y retiramos del fuego.

A continuación rellenamos las tartaletas, que vamos poniendo en una bandeja. Montamos la nata con orégano y una pizca de sal, y, con una cuchara, coronamos cada tartaleta.

¡Y ya se pueden degustar!

¡Sabías que...?
La Unión Europea prohíbe, desde hace más de treinta años, el uso de hormonas en el crecimiento y engorde de los animales.

pollo

Albóndigas

Carne de cocido

Salchich

Hígado

Filetes de lon

filetes rusos

carnes

Albóndigas o filetes rusos

Carne de cocido

Cerdo: Filetes de lomo

Hígado encebollado

Salchichas

La carne es una fuente importante de proteínas, y además aporta hierro, potasio, fósforo, cinc y vitamina B_{12}. Pero no hay que olvidar que contiene un elevado porcentaje de las llamadas «grasas saturadas», cuyo consumo excesivo resulta perjudicial para nuestro organismo al elevar el nivel de colesterol en sangre. De hecho, estudios científicos avalan la necesidad de reducir la ingesta de carne, especialmente de la carne roja, para mejorar así la salud y la esperanza de vida, ya que un consumo elevado se asocia con una mayor predisposición a padecer algunos tipos de cáncer y, sobre todo, enfermedades de tipo cardiovascular.

Dentro de las denominadas «carnes rojas» se incluyen las de vacuno, cerdo, cordero y caballo, mientras que las «carnes blancas» corresponden a las de aves (pollo o pavo) y la del conejo. Se consideran más saludables las carnes blancas, por su menor contenido en grasa. Y entre las carnes rojas es preferible seleccionar aquellos cortes con menos grasa, como el lomo de cerdo, menos graso que la chuleta o la panceta. Por su parte, el consumo en forma de derivados cárnicos o carnes procesadas (embutidos de todo tipo, salchichas, jamón, etcétera) debe limitarse, ya que son productos con mayor contenido en grasa y, además, contienen mucha sal.

...estudios científicos avalan la necesidad de reducir la ingesta de carne, especialmente de la carne roja, para mejorar así la salud y la esperanza de vida.

A pesar de que somos herederos de la dieta mediterránea, cuyo contenido en carne era bastante reducido, en España tenemos un consumo de esta superior al recomendado por la Organización Mundial de la Salud (OMS), que se cifra en torno a 35 kilos por persona y año (menos de 100 g diarios), la mitad de lo que ingiere de media un español en la actualidad. Es decir, poco a poco hemos de ir sustituyendo las carnes rojas o grasas por carnes blancas y otros alimentos proteicos, como las legumbres y el pescado. Otro aspecto interesante es acompañar las carnes rojas a la brasa con abundantes verduras y añadirles especias como el romero, para de este modo contrarrestar los efectos perjudiciales de los compuestos químicos que se generan en la parrilla.

> ...interesante es acompañar las carnes rojas a la brasa con abundantes verduras y añadirles especias...

Albóndigas o filetes rusos

Canelones de carne y paté

Ingredientes

- Restos de carne
- Pasta de canelones
- 1 lata de paté
- 2 huevos duros
- 1 cebolla mediana
- 1 manzana
- 1 cs de piñones
- ½ vasito de vino blanco
- ½ l de besamel
- Queso rallado para gratinar
- Aceite, sal y pimienta

Elaboración

Preparamos primero el relleno. Pochamos la cebolla, bien picada, en un poco de aceite. Cuando esté blanda, le agregamos la manzana –pelada y troceada fino– y los piñones, y dejamos un par de minutos. Incorporamos la carne troceada y el paté con cuidado. Dejamos enfriar.

Ponemos al fuego agua con sal en una cacerola grande. Cuando rompa a hervir, añadimos la masa de los canelones de una en una, para que no se peguen. Respetamos el tiempo de cocción del fabricante, los escurrimos y vamos colocándolos luego extendidos sobre un paño de cocina limpio.

Mezclamos el preparado anterior con los huevos duros picados y procedemos a rellenar los canelones. A medida que los rellenamos, los vamos colocando en una fuente de horno con el fondo cubierto de besamel.

Una vez tenemos los canelones rellenos en la fuente, los cubrimos con la besamel, espolvoreamos de queso rallado y gratinamos a 200 °C durante 15 minutos, hasta que se dore el queso.

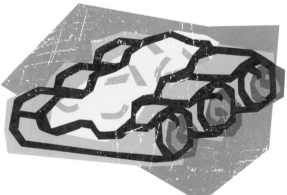

Sugerencia: Si da pereza preparar una besamel, se puede sustituir por salsa de tomate casera.

Albóndigas o filetes rusos

Espaguetis a la boloñesa

Ingredientes

- Ración de carne picada
- 400 g de espaguetis
- 2 dientes de ajo
- 1 pimiento verde
- 1 puerro
- 1 cebolla mediana
- 4 tomates maduros
- 1 ct de azúcar
- 2 cs de tomate frito
- ½ vasito de vino blanco
- 1 pastilla de caldo
- Orégano
- Aceite, pimienta y sal

Elaboración

En una cacerola con un chorrito de aceite ponemos a sofreír los ajos, la cebolla, el puerro y el pimiento, todo muy picadito; removemos y añadimos la ración de carne picada. Seguimos removiendo y agregamos el vino, la pastilla de caldo y el orégano. Salpimentamos. Rallamos los tomates y los incorporamos con la cucharadita de azúcar y las dos cucharadas de tomate frito. Pasados unos minutos, retiramos la cacerola del fuego.

Ponemos al fuego una olla con abundante agua con sal y un chorro de aceite. Cuando arranque a hervir, echamos los espaguetis. Pasados 8-10 minutos, aproximadamente (observar que estén al dente), los escurrimos y servimos en una fuente con la salsa boloñesa. Mezclamos y listo.

¡Sabías que...?
Cuando hacemos salsa de tomate, utilizamos azúcar para rebajar la acidez. Si se usan tomates pera, no es necesario agregar azúcar: su grado de acidez es menor.

carnes

Albóndigas o filetes rusos

Patatas asadas, rellenas de·carne y queso

Ingredientes

- Resto de carne
- 4 patatas medianas
- 1 cebolla mediana
- Queso cremoso
- Perejil
- Aceite, sal y pimienta

Elaboración

Asamos las patatas en el microondas. Para ello, las lavamos bien y pinchamos varias veces con un tenedor, las cubrimos de agua y en 7 o 10 minutos están listas (el tiempo es orientativo, dependiendo del tamaño de las patatas y de la potencia del microondas). Dejamos enfriar.

De seguido, precalentamos el horno a 200 ºC.

Preparamos el relleno: pochamos la cebolla, bien picadita, en un poco de aceite. Cuando esté blanda, incorporamos la carne y le damos un par de vueltas. Partimos las patatas a la mitad, las vaciamos sin romperlas y mezclamos bien su pulpa con la carne.

Rellenamos las patatas y las colocamos en una fuente de horno. Las cubrimos con el queso y espolvoreamos de perejil. Gratinamos hasta que el queso se funda.

¿Sabías que...?
Si frotamos la piel de las patatas con unas gotas de aceite, quedarán mejor asadas. La cocción por patata en el microondas es de 5 minutos a potencia máxima.

reduce recicla reutiliza

Albóndigas o filetes rusos

Pastel de carne con puré de patatas

Ingredientes

- Albóndigas o filetes rusos
- 1 diente de ajo
- 1 cebolla
- 1 zanahoria
- Salsa de tomate
- 1 vasito de vino blanco
- Tomillo
- Alcaparras
- Salsa 'worcester'
- Queso rallado para gratinar
- Mantequilla
- Aceite
- Sal y pimienta
- Puré de patatas envasado (o 4 patatas medianas), 2 yemas de huevo y mantequilla

Elaboración

Picamos muy fino la cebolla, el ajo y la zanahoria, y pochamos a continuación todo en una sartén con un poco de aceite. Cuando estén blandos, agregamos la carne en trocitos y rehogamos 1-2 minutos. Añadimos también el vino, la salsa *worcester*, las alcaparras, la sal, la pimienta y el tomillo. Dejamos que se consuma el vino, vertemos la salsa de tomate… y que dé un hervor.

En una fuente de horno, cubrimos el fondo con el preparado de carne con tomate y agregamos el puré de patatas. Repartimos por encima el queso para gratinar y seis avellanas de mantequilla, y al horno a 180 ºC durante 20 o 25 minutos.

El puré de patatas, si está envasado, hay que prepararlo con menos agua de lo que se indica; que quede un poco espeso. O podemos hacer un puré casero cociendo en agua las patatas peladas en cuartos. Se retiran ya cocidas y se pasan por un chino; después se juntan con 80 g de mantequilla, las dos yemas y una pizca de sal, y se mezcla todo bien hasta obtener el puré.

¡Sabías que…? La salsa 'worcester', más conocida como 'perrins', es un acompañamiento muy versátil; con ella podemos aderezar otras salsas, como salsa rosa, salsa césar o, también, ensaladas, zumo de tomate, *pizzas*, pescados, carnes,…

carnes

Albóndigas o filetes rusos

'Pizza' de carne

Ingredientes

- Carne de cocido
- Masa de 'pizza'
- Salsa de tomate
- ½ calabacín
- ½ cebolla
- 1 sobre de queso para 'pizza'
- Tabasco (opcional)

Elaboración

Precalentamos el horno a 220 °C.

Una vez tenemos la masa, la extendemos sobre la placa del horno cubierta con papel vegetal.

Lavamos y cortamos el calabacín en rodajas y la cebolla en aros. Los llevamos al microondas tapados y dejamos allí 3-4 minutos, para que ablanden (también se pueden saltear en una sartén con muy poco aceite).

Con una cuchara extendemos la salsa de tomate sobre la masa de *pizza*, y repartimos sobre ella la carne en trozos pequeños, el calabacín y la cebolla. Lo cubrimos todo con el queso y la pasamos por el horno 10 o 15 minutos, en función del tipo de masa, hasta que esté hecha. Si nos gusta en picante, podemos rociar unas gotas de tabasco.

Sugerencia:
Si la masa de *pizza* es congelada, la retiramos del congelador media hora antes.

reduce recicla reutiliza

Carne de cocido

Croquetas de carne

Ingredientes

- Ración de carne
- ½ cebolla
- 1 puerro (pequeño)
- 5 cs de harina
- 1 vaso de leche
- 3 quesitos en porciones
- 50 g de mantequilla
- Huevo
- Pan rallado
- Aceite, sal, pimienta y nuez moscada

Elaboración

Trituramos primero la carne y la dejamos preparada. Seguidamente, ponemos una sartén al fuego y le agregamos la mantequilla y dos cucharadas soperas de aceite; una vez empieza a calentar, añadimos el puerro y la cebolla ya triturados (para las croquetas, mejor triturado que cortado).

Cuando adquiera color incorporamos la carne, removemos y acompañamos los quesitos en porciones, una pizca de pimienta y la sal; seguimos removiendo. Vertemos a continuación el vaso de leche, removemos de nuevo y echamos la harina y una pizca de nuez moscada en polvo (al gusto). Nada más observamos que la mezcla adquiere cuerpo, apartamos del fuego y dejamos enfriar (mejor hacer la masa de las croquetas de un día para otro).

Cuando la masa esté bien fría, formamos las croquetas con las manos o con dos cucharas; después las pasamos por el huevo batido y, a continuación, por el pan rallado. Ponemos la sartén al fuego con abundante aceite y freímos hasta que adquieran un ligero color dorado. Las vamos retirando del aceite y las colocamos sobre papel absorbente.

Sugerencia:

Si salen más croquetas de las que se van a consumir, se pueden congelar perfectamente una vez pasadas por huevo y pan rallado y, a la hora de utilizar, freír sin necesidad de descongelar.

Carne de cocido

Cuscús con carne

Ingredientes

- Carne de cocido
- 1 taza grande de cuscús precocinado
- 1 cebolla
- 1 calabacín
- 1 lata pequeña de guisantes
- Aceite, sal, comino molido
- Hierbabuena (opcional)

Elaboración

Picamos la cebolla y la pochamos en un poco de aceite. Una vez esté transparente, añadimos el calabacín troceado y dejamos al fuego un par de minutos. Incorporamos luego la carne troceada y la rehogamos un momento. Acompañamos los guisantes y el comino molido y rectificamos de sal.

Ponemos a cocer una taza grande de agua con un poco de sal. Cuando esté hirviendo incorporamos el cuscús, removemos y apagamos el fuego. Lo tapamos y dejamos reposar 3 o 4 minutos. Transcurrido este tiempo, deshacemos los grumos con un tenedor y lo vertemos sobre el sofrito de carne. Lo mezclamos todo con cuidado y servimos con unas hojas de hierbabuena.

¡Sabías que...?
El cuscús precocinado
es muy fácil de preparar,
muy rápido, y a los niños
les encanta.

reduce recicla reutiliza

Lasaña de carne y berenjena

Ingredientes

- Carne de cocido
- 2 berenjenas
- 1 cebolla
- 1 pimiento verde
- Aceitunas negras sin hueso
- Salsa de tomate
- Salsa besamel
- Aceite
- Sal

Elaboración

Cortamos la berenjena en láminas de medio centímetro de grosor, les ponemos sal gorda y las dejamos escurrir 15 minutos sobre un colador.

Transcurrido este tiempo, lavamos y secamos las rodajas de berenjena, las rebozamos en harina y las freímos. Las vamos colocando luego sobre papel absorbente y reservamos.

Picamos muy fino la cebolla y el pimiento, y los pochamos en una sartén con un poco de aceite. Cuando estén blandos, incorporamos la carne en trocitos y las aceitunas picadas; rehogamos durante 1-2 minutos.

En una fuente de horno no muy grande y honda, cubrimos su fondo con salsa de tomate y vamos montando la lasaña: colocamos una primera capa de berenjenas, la cubrimos con la carne y, sobre ella, repartimos las láminas de queso; volvemos a poner una nueva capa de berenjena y la cubrimos con tomate. Lo ideal es repetir la capa de berenjena, carne y queso, y, por último, otra más de berenjena y tomate.

Se lleva al horno ya precalentado y se deja durante 15 minutos.

Sugerencia:
Las berenjenas se pueden sustituir por calabacín.

Pencas de acelga rellenas

Ingredientes

- Restos de carne
- Pencas de acelga
- 1 cebolla mediana
- 1 cs de almendras crudas
- ½ cs de maicena
- ½ vasito de vino blanco
- 4-5 cs de salsa de tomate
- 1 huevo
- Harina para rebozar
- Aceite
- Crema de piquillos
- 1 lata de pimientos de piquillo
- 100 ml de nata
- Sal

Elaboración

Primero lavamos las acelgas, separando las pencas y reservando las hojas (para un caldo o para prepararlas con patatas…). Cocemos las pencas en agua y sal unos 10 minutos. Las retiramos, escurrimos bien y reservamos.

Elaboramos a continuación el relleno pochando la cebolla picada en un poco de aceite. Cuando esté blanda, agregamos las almendras picadas, rehogamos un momento y acompañamos la carne y la maicena. Removemos y regamos con el vino blanco, esperamos que reduzca su volumen y añadimos también el tomate. Dejamos que dé un hervor.

Disponemos un poco del relleno sobre una penca y lo cubrimos con otra. Una vez todas las pencas rellenas, las pasamos por harina y huevo y las freímos. Las escurrimos en papel de cocina y servimos acompañadas de la crema de piquillos, que habremos obtenido tras pasar por la batidora los pimientos escurridos con la nata.

Sugerencia:
Se puede sustituir la crema de piquillos por una besamel suave.

reduce recicla reutiliza

Carne de cocido

Pimientos verdes rellenos

Ingredientes

- Carne de cocido
  (pollo, jamón, vacuno)
- Pimientos verdes
- 1 cebolla
- 1 puerro
- Salsa de tomate
- 1 tacita de arroz
- Queso para gratinar

Elaboración

Asamos los pimientos, hasta que ablanden un poco, y los reservamos. Cocemos una tacita de arroz en agua con sal, y también lo reservamos.

En una sartén pochamos la cebolla y el puerro picados fino. Desmigamos la carne, la rehogamos y mezclamos con el arroz cocido.

Rellenamos los pimientos y los vamos colocando en una fuente de horno cubierta con 2-3 cucharadas de salsa de tomate. Espolvoreamos de queso rallado y gratinamos al horno.

Sugerencia:
Si ha quedado
zanahoria del cocido
puede añadirse cortada
en trocitos.

Carne de cocido

Ropavieja con patatas fritas

Ingredientes

- Carne de cocido
  (de pollo, jamón, vacuno)
- 1 cebolla
- 1 lata de pimientos
  de piquillo
- Salsa de tomate
- 3 patatas medianas
- Aceite de oliva
- Sal

Elaboración

En una sartén o cacerola ancha, rehogamos la cebolla picada bien fina. Cuando esté blanda, rehogamos también un momento la carne cortada en tacos grandes y añadimos los pimientos rojos hechos tiras.

A los 2-3 minutos, incorporamos la salsa de tomate en abundancia y dejamos que hierva a fuego bajo. Podemos agregar la zanahoria del cocido en el último momento.

Mientras tanto, pelamos y cortamos las patatas en trozos grandes y las freímos.

Servimos la carne acompañada con las patatas fritas por encima.

Sugerencia:
Este plato es tan sabroso y completo, que puede prepararse poniendo a cocer expresamente morcillo, y con verduras: aprovechamos el caldo para sopa y la carne.

reduce recicla reutiliza

Carne de cocido

Ropavieja en tortilla

Ingredientes

- Carne de cocido
  (de pollo, jamón, vacuno)
- 1 cebolla grande
- 1 pimiento verde
- 1 puerro
- 5 huevos
- Aceite de oliva
- Sal

Elaboración

En una sartén o cacerola ancha rehogamos la cebolla, el puerro y el pimiento picados muy fino. Dejamos pochar hasta que esté todo bien blandito.

Después, rehogamos un momento la carne desmigada. Escurrimos el aceite sobrante y lo vertemos sobre los cinco huevos, que previamente hemos batido. Añadimos la sal.

Calentamos al fuego una sartén con una gota de aceite, para cuajar lentamente la tortilla como si fuera de patatas, pero por más tiempo.

Sugerencia: Esta tortilla lleva mucha cebolla, porque debe ser muy jugosa; además, puede acompañarse con pimientos verdes fritos.

Carne de cocido

Tartaletas de carne con besamel

Ingredientes

- Carne de cocido
- 6 tartaletas precocinadas
- 1 cebolla
- 3-4 champiñones
- 1 huevo duro
- Salsa besamel
- Aceite
- Nuez moscada
- Sal

Elaboración

Picamos la cebolla muy fino y la pochamos en una sartén con un poco de aceite.

Cuando esté blanda, añadimos los champiñones cortados en láminas y, tapados, dejamos que se hagan durante 3-4 minutos. Luego incorporamos la carne en trocitos y la rehogamos. Por último, acompañamos la besamel y el huevo duro picado. Le damos un toque de nuez moscada y rectificamos de sal.

Rellenamos las tartaletas con la masa y llevamos al horno para que se doren.

Sugerencia:
Algunas tartaletas vienen ya cocinadas, y otras hay que pasarlas por el horno antes de rellenarlas. Mirad las instrucciones.

reduce recicla reutiliza

Cerdo: Filetes de lomo

Bollo de papas

Ingredientes

- Ración de carne
- 5 patatas medianas
- 1 pimiento verde
- 1 cebolla mediana
- 2 dientes de ajo
- 4 tomates maduros
- 1 ct de azúcar
- 2 cs de tomate frito
- ½ vasito de vino blanco
- 1 pastilla de caldo
- Aceite, pimienta y sal

Elaboración

Lavamos las patatas y las ponemos a hervir, con su piel, en abundante agua con sal. Una vez hervidas, las dejamos enfriar un poco. Después, las vamos pelando y depositando en un recipiente. Las machacamos con ayuda de un tenedor y reservamos.

En una sartén con un chorrito de aceite ponemos a sofreír los ajos, la cebolla y el pimiento, todo muy picadito; removemos y añadimos la ración de carne, muy picada también. Seguimos removiendo y agregamos el vino y la pastilla de caldo, y salpimentamos. Rallamos los tomates y los incorporamos con la cucharadita de azúcar y las dos cucharadas de tomate frito.

Pasados unos minutos, retiramos del fuego y volcamos todo ese sofrito sobre las patatas. Mezclamos muy bien con la ayuda de una cuchara de madera. Lo servimos, para su degustación, en cazuelitas de barro individuales con queso rallado.

¡Sabías que...? No es lo mismo «carne congelada» que «preparado de carne», ya que la primera solo es carne (100 %), mientras que la segunda incluye aditivos y esta representa únicamente entre un 70 y 90 %.

carnes

Cerdo: Filetes de lomo

Fideos a la cazuela con lomo y patatas

Ingredientes

- Ración de lomo
- 400 g de fideos
- 2 patatas medianas
- 1 cebolla mediana
- 2 dientes de ajo
- 1 pimiento verde pequeño
- 4 cs de tomate frito
- Vino blanco
- 1 ramita de perejil
- Laurel
- 1 pastilla de caldo
- Aceite, pimienta y sal

Elaboración

Picamos la cebolla, el ajo y el pimiento, y los dejamos pochar en una cazuela con un chorro de aceite. Añadimos el tomate, la ramita de perejil y la hoja de laurel y les damos unas vueltas.

Troceamos el lomo, lo incorporamos a la cazuela y lo regamos con un chorrito de vino blanco. Agregamos las patatas peladas y troceadas y salpimentamos. Removemos, vertemos el agua (que cubra la carne y las patatas) y ponemos el cubito de caldo. Lo dejamos cocer 5 minutos.

Echamos los fideos, removiendo bien todo. A medida que se vayan haciendo, veréis si necesita algo más de caldo; va un poco en cuestión de gustos; hay a quien les gustan secos y a otros caldosos. Cocemos entre 10 y 15 minutos, dependiendo del tipo de fideo que utilicéis.

Dejamos reposar varios minutos y servimos.

¡Sabías que...? Aunque parezca extraño, para que la carne guisada no quede dura debes introducir durante su cocción un tapón de corcho.

Cerdo: Filetes de lomo

Fideos o arroz al estilo oriental

Ingredientes

- Filetes de lomo
- Fideos orientales
- 1 cebolla
- 1 pimiento verde
- 1 zanahoria rallada
- 4-5 champiñones (opcional)
- Salsa de soja
- 1 ct de azúcar
- Sal
- Aceite de oliva

Elaboración

Ponemos un cazo a cocer con un litro de agua y media cucharadita de sal.

Salteamos en una sartén la cebolla y el pimiento, cortados en tiras finas, durante 2-3 minutos. Añadimos la zanahoria rallada y, en un par de minutos, los champiñones en láminas. Salteamos un poco más hasta que ablanden (mejor si quedan algo tiesos, pero va en gustos).

Mientras tanto, si el agua está hirviendo, echamos los fideos y apagamos el fuego dejándolo reposar.

Incorporamos a la sartén con las verduras el lomo en tiras, el azúcar y la salsa de soja; salteamos un momento y apartamos del fuego.

Escurrimos los fideos y servimos a la mesa con la salsa por encima.

¡Sabías que...?
Para que la carne frita a la plancha o a la parrilla esté más jugosa y más tierna, es mejor sazonarla al final de su elaboración. La sal provoca la pérdida de líquidos y la carne quedaría más seca.

Cerdo: Filetes de lomo

'Pizza' de lomo y piña

Ingredientes

- Filetes de lomo
- Masa de 'pizza'
- Salsa de tomate
- 1 lata pequeña de piña
- 1 lata pequeña de maíz
- 1 sobre de queso para 'pizza'

Elaboración

Precalentamos el horno a 220 °C.

Si la masa de *pizza* es congelada, la retiramos del congelador media hora antes.

Una vez descongelada la masa, la extendemos sobre la placa del horno cubierta con papel vegetal. Con una cuchara repartimos la salsa de tomate sobre la masa y distribuimos sobre ella las tiras de lomo, la piña escurrida y cortada en trozos pequeños y el maíz; y cubrimos todo con el queso.

La dejamos luego en el horno de 10 a 15 minutos, en función del tipo de masa, hasta que se vea hecha.

Sugerencia:
Se puede completar con unas tiras de pimiento verde y rojo; y si gusta el picante, con unas gotas de tabasco.

reduce recicla reutiliza

Macarrones con hígado encebollado

Ingredientes

- Ración de hígado
- 400 g de macarrones
- 2 dientes de ajo
- 1 cebolla mediana
- 1 pimiento verde pequeño
- 1 pastilla de caldo
- ½ vasito de vino blanco
- 1 bote pequeño de tomate frito
- Orégano, sal, aceite y pimienta

Elaboración

En una olla, ponemos a hervir los macarrones con un chorrito de aceite y un poco de sal. Cuando estén listos, los escurrimos bien.

Laminamos los ajos, cortamos la cebolla y el pimiento y echamos todo en una cazuela con un poco de aceite; pochamos y añadimos el hígado troceado. Seguidamente incorporamos el vino y la pastilla de caldo. Una vez se haya reducido el vino agregamos el tomate frito, removemos y acompañamos el orégano. Salpimentamos.

Dejamos que se vaya haciendo durante 5 minutos y agregamos los macarrones. Removemos y retiramos del fuego.

Sugerencia: Esta receta queda también exquisita, si se hace reutilizando higaditos de pollo.

Alubias con panceta y salchichas de Fráncfort

Ingredientes

- 1 bote de 500 g de judías blancas
- 2 lonchas de panceta
- 2 salchichas de Fráncfort
- 2 dientes de ajo
- 1 cebolleta
- 1 puerro
- Aceite, sal y pimienta

Elaboración

Cortamos la panceta y las salchichas en trocitos y los reservamos.

Ponemos al fuego una cacerola con un chorrito de aceite y echamos los ajos, el puerro y la cebolla, todo bien picadito. Dejamos pochar y añadimos la panceta con las salchichas, removemos y, pasados 5 minutos, incorporamos las judías previamente lavadas en agua fría.

Salpimentamos al gusto, dejamos unos minutos más al fuego y listo.

¡Sabías que...?
Las salchichas ya se elaboraban en Fráncfort en el siglo XIII, y están compuestas de carne y grasa finamente picadas, embutidas en tripa natural o artificial,... y ya vienen cocidas.

reduce recicla reutiliza

Salchichas con garbanzos

Ingredientes

- Ración de salchichas (3 o 4)
- 1 bote de 500 g de garbanzos cocidos
- 3 dientes de ajo
- 1 cubito de caldo de carne
- 1 copita de brandi
- Aceite, sal, pimienta y comino en polvo

Elaboración

Cortamos las salchichas en trozos pequeños.

Ponemos una cacerola al fuego con un chorrito de aceite y los ajos laminamos. Añadimos las salchichas troceadas, removemos y acompañamos el cubito de caldo y la copita de brandi.

Seguidamente abrimos el bote de garbanzos y los lavamos con agua fría del grifo, los escurrimos e incorporamos a la cacerola. Removemos con cuidado y salpimentamos con el comino.

¡Un plato rápido, exquisito y muy completo!

¡Sabías que...?

Algunos tipos de salchichas no están hechas con carne, como la salchicha alemana *Erbswurst*, que está elaborada con guisantes; y la salchicha portuguesa de harina.

carnes

claras de huevo

helado de turrón

pudím de cho

postres

flan de naranja

magdalen

ompota de fru

postres

A casi todos nos gusta culminar la comida con un buen postre, ya que aporta ese sabor dulce que nos resulta tan agradable. Una alimentación variada y equilibrada no tiene por qué prescindir de los postres, aunque tampoco conviene abusar de ellos. A diario lo ideal es tomar de postre fruta variada, preferentemente de temporada, y, en ocasiones, algún producto de repostería.

Siempre que podamos, es más saludable decidirse por la repostería casera que por la industrial, ya que conocemos los ingredientes y en su confección se utilizan grasas más saludables como el aceite de oliva, girasol o mantequilla; además, de este modo también evitamos la ingestión de grasas *trans*, tan perjudiciales para la salud y tan empleadas con frecuencia en la repostería industrial. En repostería podemos asimismo mejorar nuestra dieta si usamos azúcar moreno en lugar del blanco, y harina integral como sustituta total o parcial de la harina refinada. Por otra parte, son aconsejables los postres a base de gelatina y decantarse por las preparaciones al horno antes que por las frituras. Hay recetas de elaboración sencilla, muchas de ellas de la cocina tradicional, ideadas para el aprovechamiento de pan, que tan importante papel ha desempeñado en nuestra cultura, aunque ahora no sepamos apreciarlo mucho. Algunas sirven para el aprovechamiento de huevos, bien enteros o solo las yemas o claras. Otras, incorporan fruta.

Las campañas de publicidad promovidas por diferentes instituciones, han conseguido que la mayoría de la población española sepa que frutas y verduras son componentes esenciales de una dieta saludable por su aporte en vitaminas y fibra. Ahora toca tomar conciencia y aplicar este conocimiento para conseguir que

En repostería podemos asimismo mejorar nuestra dieta si usamos azúcar moreno en lugar del blanco, y harina integral como sustituta total o parcial de la harina refinada.

realmente tengamos un consumo adecuado de estos productos. A la hora de comprar, recurriremos a la fruta de temporada, más barata, nutritiva y beneficiosa para el medio ambiente, productos locales de inmejorable calidad en lugar de frutas procedentes de lugares lejanos; y tendremos que obviar la importancia de no adquirir fruta irregular en cuanto a tamaño y forma.

Hemos incluido aquí recetas para aprovechar aquella fruta que en caso de no consumirla cuanto antes se estropearía, y aunque entre los ingredientes figure una fruta determinada, siempre es posible sustituirla por otra, como manzanas por peras, melocotones por albaricoques, etcétera.

A la hora de comprar, recurriremos a la fruta de temporada, más barata, nutritiva y beneficiosa para el medio ambiente...

postres

Claras de huevo

Suflé rápido

Ingredientes

- Magdalenas
- ½ barra de helado de vainilla
- 1 lata de piña
- 2 yemas
- 4 claras
- Azúcar

Elaboración

Sobre una fuente de horno de profundidad media, revestimos su fondo con las magdalenas cortadas a lo largo, las bañamos con el jugo de la piña y disponemos encima la piña cortada cada rodaja en cuartos. Reservamos.

Batimos bien las claras a punto de nieve. Aparte, batimos asimismo las yemas con el azúcar, y, después, las mezclamos cuidadosamente con las claras a punto de nieve.

Ponemos el helado sobre la piña y cubrimos todo con las claras. Espolvoreamos un poco de azúcar y doramos en el *grill* unos 5 minutos.

Servimos recién hecho.

Sugerencia:

Si es para adultos, se puede flambear en la mesa con algún licor. Para ello, calentamos por ejemplo ron, lo vertemos sobre el suflé y le prendemos fuego.
Es un postre sencillo y delicioso, pero que exige montar las claras en el momento, porque en caso contrario se bajan y el suflé se estropea.

reduce recicla reutiliza

Batido de yogur con frutas

Ingredientes

- 1 taza de fruta
- 1 cs de miel o azúcar
- 1 taza de yogur

Elaboración

Pasamos por la batidora la fruta pelada y troceada, junto con el azúcar o la miel. Cuando tengamos una mezcla homogénea, incorporamos el yogur y mezclamos esta vez con suavidad.

Dejamos en la nevera y, una vez frío, podemos servirlo en copas.

Sugerencia:
Se puede presentar espolvoreado con un poco de cacao en polvo. Si utilizamos yogur griego, quedará mucho más cremoso.

Bizcocho de melocotón

Ingredientes

- 120 g de mantequilla blanda
- ½ corteza de limón
- 1 taza de azúcar
- 2 huevos
- 3 melocotones
- 3 cs de azúcar
- Canela en polvo

Elaboración

Precalentamos el horno a 180 °C. Después, preparamos un molde de bizcocho con papel vegetal untado con una pizca de mantequilla.

Batimos la mantequilla con el azúcar, separamos las yemas de las claras y las incorporamos a la mantequilla batiéndolo todo bien. Añadimos también la harina y seguimos batiendo.

En otro bol, preparamos las claras a punto de nieve y las vamos adicionando con cuidado a la mezcla anterior, removiendo (sin batir).

Espolvoreamos con las tres cucharadas de azúcar el fondo del molde y disponemos encima los melocotones pelados y partidos a gajos. Distribuimos sobre ellos la masa y lo llevamos al horno 45 minutos.

Retiramos el bizcocho del calor, lo dejamos enfriar y desmoldamos. Por último, lo volcamos sobre un plato y servimos tal cual.

Sugerencia: Podemos repartir por la parte superior mermelada de melocotón, un poco diluida en agua, y decorarlo con unas láminas de almendra.

reduce recicla reutiliza

Bizcocho de plátano

Ingredientes

- 100 g de mantequilla blanda
- 1 vaso pequeño de leche
- 150 g de azúcar
- 200 g de harina
- 2 huevos
- 2 plátanos maduros
- ½ zumo de limón
- 1 sobre de soda
- Una pizca de sal

Elaboración

Preparamos un molde de bizcocho con papel vegetal untado con una pizca de mantequilla. También, precalentamos el horno a 180 ℃.

Batimos la mantequilla con el azúcar, agregamos los huevos y batimos. A continuación, acompañamos la leche y los plátanos triturados con un tenedor. Rociamos el conjunto con zumo de limón.

Mezclamos la harina con la sal y la soda e incorporamos a la mezcla anterior con cuidado. Lo vertemos todo en el molde y cocemos 40 minutos a 180 ℃. Pasado este tiempo, lo retiramos y dejamos enfriar unos minutos antes de desmoldarlo.

Sugerencia:
A este bizcocho se le pueden incorporar, antes de llevar al horno, unas perlas de chocolate negro; o también, unas nueces peladas.

Compota de frutas

Ingredientes

- Manzanas o peras
- 150 g de azúcar
- 1 vaso de agua
- 1 ramita de canela

Elaboración

Ponemos al fuego una olla con agua, azúcar y canela. La dejamos así unos 10 minutos.

Después, añadimos las manzanas o peras troceadas y esperamos a que reduzca de volumen.

Ideal para acompañar postres o desayunos.

Sugerencia: Se puede preparar una receta un poco más sofisticada si en su confección se combinan higos secos, ciruelas pasas, pasas de Corinto, orejones,... frutos secos que deben cocerse previamente unos minutos para, luego, incorporar la fruta; también admite un vaso de vino y un vaso de agua; y, además de canela, media docena de clavos de olor.

Copa de yogur con fruta

Ingredientes

- 1 sobre de gelatina neutra
- 2 yogures griegos
- 6 cs de azúcar
- Fruta madura
- ½ zumo de limón

Elaboración

En un cazo, ponemos a calentar tres cucharadas de agua con cuatro de azúcar y, cuando esta se disuelva, añadimos la fruta troceada. Dejamos que cueza a fuego bajo unos minutos.

Preparamos unas copas o unos cuencos individuales en los que presentar la fruta, y reservamos.

Elaboración de la gelatina: la preparamos según las instrucciones del envase, y mezclamos con los yogures y las tres cucharadas restantes de azúcar. Removemos bien y vertemos sobre la fruta.

Dejamos enfriar 4 horas en el frigorífico.

Sugerencia:

Como ornamento, la copa queda muy bien con unos frutos silvestres o algunos frutos rojos del bosque (arándanos, moras...).

'Crumble' de fruta (fruta con costra)

Ingredientes

Base de fruta

- Fruta: fresas, melocotón, albaricoques
- 4 cs de azúcar
- 1 zumo de limón
- 1 ramita de canela

Crujiente

- 100 g de mantequilla
- 100 g de azúcar
- 200 g de harina

Sugerencia: La base de fruta admite como acompañamiento un chorrito de licor, como *Pedro Ximénez*, *amaretto...*

Elaboración

Retiramos la mantequilla del frigorífico una hora antes de su empleo, para que vaya ablandando.

Elaboración de la base de fruta: lavamos (pelamos, si es necesario) y troceamos la fruta. La disponemos en una fuente de horno o en moldes de horno individuales, añadimos el azúcar y el zumo de limón más la ramita de canela, y llevamos 5 minutos al microondas, a tres cuartos de potencia, para que ablande un poco. El tiempo varía según la fruta que utilicemos (va bien con frutas rojas como fresas, ciruelas...).

Encendemos el horno con *grill* a 200 °C.

Preparación del crujiente: aparte, mezclamos en otro bol la mantequilla ya blanda con el azúcar, batimos y luego echamos la harina. Amasamos con una espátula primero y con la mano después, hasta incorporar la harina: tiene que quedar formando grumos sueltos.

Espolvoreamos los grumos sobre el preparado de frutas y pasamos por el *grill* 10 o 12 minutos, hasta que estos se vuelvan crujientes.

Se sirve templado.

reduce recicla reutiliza

Empanadillas de manzana

Ingredientes

- 2-3 manzanas
- 2 cs de piñones
- 1 ramita de canela
- Masa de empanadillas
- 3 cs de azúcar
- Zumo de ½ limón
- 1 yema de huevo

Elaboración

Troceamos las manzanas y las rociamos con unas gotas de limón, la canela y el azúcar. Dejamos, en un recipiente, durante unos minutos al microondas.

Mientras tanto, encendemos el horno a 200 °C.

Extendemos las obleas y, una vez blanda la manzana, pasamos a rellenar las empanadillas. Las sellamos con ayuda de un tenedor. Batimos la yema de huevo y pintamos con una brocha de cocina. Así preparadas, las cocemos al horno alrededor de 15 minutos.

También podemos freírlas en aceite, pero resultan más ligeras al horno.

Sugerencia:

Si no se quiere utilizar el horno, podemos freír las empanadillas en abundante aceite muy caliente. Recuerda que para freírlas nunca hay que pintarlas con huevo.

Gelatina de frutas

Ingredientes

- 1 sobre de gelatina de frutas
- 250 ml de agua hirviendo
- 250 ml de agua fría
- Fruta (no tropical)
- 2-3 cs de azúcar

Elaboración

Troceamos la fruta y la disponemos en unas copas o cuencos individuales. Reservamos.

Vertemos el contenido del sobre de gelatina en el agua caliente, sin parar de remover hasta que se disuelva por completo. Agregamos luego el agua fría, mezclamos bien y lo repartimos sobre la fruta.

Lo dejamos enfriar 4 horas en el frigorífico.

¡Sabías que...? La gelatina es un alimento nutritivo rico en colágeno, que gusta mucho a los niños. Una buena forma de que coman fruta sin poner excusas.

reduce recicla reutiliza

Pastel rápido de manzana

Ingredientes

- 3 manzanas
- 1 masa quebrada
- 2 yemas
- 300 g de queso fresco
- 1 sobre de flan de vainilla
- 250 ml de leche
- Mermelada

Elaboración

Precalentamos primero el horno a 180 °C.

Luego extendemos la masa quebrada sobre un molde redondo forrado con papel vegetal engrasado en mantequilla, hasta cubrirlo del todo.

En un cazo, calentamos la leche y vertemos el sobre de vainilla. Batimos las yemas con el queso y lo añadimos a la leche. Batimos bien de nuevo y volcamos todo en el molde.

Pelamos las manzanas, las cortamos en forma de media luna y las distribuimos sobre la crema. Horneamos unos 35 minutos.

Una vez fuera del horno, lo dejamos enfriar un poco y lo desmoldamos.

Sugerencia:
El pastel queda muy bien adornado con unas guindas en almíbar o unas fresas.

Pudin de manzana

Ingredientes

- 4 rebanadas de pan
- ½ l de leche
- 4-5 cs de azúcar
- 4 huevos
- 50 g de mantequilla
- 2-3 manzanas
- Zumo de ½ limón
- Canela en rama

Elaboración

Para caramelizar la fruta, ponemos en una sartén la mantequilla con el azúcar y las manzanas en gajos. Rociamos con el zumo de limón y dejamos acaramelar unos 20 minutos.

Hervimos la leche con la canela y esperamos a que enfríe. Retiramos la ramita de canela de la leche y agregamos los huevos batidos, el azúcar y el pan troceado. Mezclamos bien y batimos. Engrasamos el molde y lo cubrimos con la manzana caramelizada.

Una vez cubierto el fondo con la manzana, repartimos por encima la mezcla. Lo podemos hacer en el horno al baño maría, o en el microondas durante 30 minutos a 180 ºC.

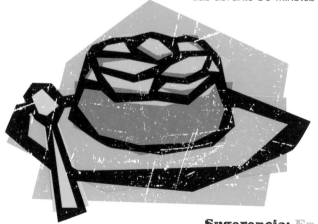

Sugerencia: En lugar de canela, una vaina de vainilla partida a la mitad da muy buen sabor a la leche.

Crema pastelera

Ingredientes

- ½ l de leche
- 4 yemas
- 100 g de azúcar
- 2 cs rasas de maicena
- 1 cáscara de limón
- Canela en rama
- Canela en polvo

Elaboración

La preparación es igual que la de las natillas.

Mezclamos en la batidora la leche con el azúcar, las yemas y la maicena. Pasamos el resultado a un recipiente de horno y le ponemos la cáscara de limón bien lavada y la canela en rama. Lo cocemos al microondas 2 minutos, removemos bien y volvemos a dejar igual tiempo; removemos de nuevo y lo cocemos otro tanto. Retiramos luego del microondas, quitamos la canela y el limón y lo pasamos por la batidora hasta deshacer todos los grumos.

Si queremos la crema más densa, volvemos a dejarla en el microondas otros 2 minutos.

Esperamos a que enfríe para usarla en todo tipo de pasteles, tartas o dulces.

Sugerencia:
Podemos emplearla en hacer miguelitos: cortamos un hojaldre congelado en cuadrados, cocemos estos al horno y, una vez fríos, los partimos por la mitad y rellenamos con la crema. Espolvoreamos de azúcar glas.

Huevos o yemas

Flan de naranja (sin leche)

Ingredientes

- Zumo de 6 naranjas
- 6 huevos
- 6 cs de azúcar

Caramelo

- 3 cs de azúcar
- 1 cs de agua

Elaboración

En una flanera de microondas, ponemos las tres cucharadas de azúcar y el agua. Para hacer el caramelo, mantenemos el molde 2 minutos a la máxima potencia. Hemos de tener cuidado al retirarlo, porque estará muy caliente. Dejamos enfriar.

Batimos, con la batidora de varillas, los huevos con el azúcar e incorporamos el zumo de las naranjas; y seguimos batiendo, para airear la mezcla. Vertemos luego la preparación en el recipiente con el caramelo frío y cocemos en el horno, al baño maría, durante 40 minutos.

Para preparar el baño maría, pondremos agua hirviendo en un recipiente más ancho que la flanera y, a continuación, sumergimos en el primero esta segunda con el horno precalentado.

Servimos, una vez fría, con nata montada.

Sugerencia: Como ya hemos comentado, el flan se cuece en el microondas 2 minutos a la máxima potencia; y, después, unos 8 o 10 minutos a media potencia. El tiempo final depende del tipo de flanera y de la potencia del microondas. Sabremos que el flan ha cuajado cuando, al pincharlo, la aguja o el palillo sale seco.

Huevos o yemas

Natillas fáciles

Ingredientes

- ½ l de leche
- 3 yemas
- 100 g de azúcar
- 1 ½ cs rasas de maicena
- 1 cáscara de limón
- Canela en rama
- Canela en polvo

Elaboración

Mezclamos en la batidora la leche con el azúcar, las yemas y la maicena. Lo pasamos luego todo a un recipiente de horno y le agregamos la cáscara de limón bien lavada y la canela en rama. Cocemos después 2 minutos al microondas, removemos bien y volvemos a cocer el mismo tiempo, removemos de nuevo y cocemos 1 minuto más.

Retiramos del microondas, quitamos la canela y el limón y las pasamos de nuevo por la batidora hasta deshacer los grumos. Las presentamos en una fuente grande o en cuencos individuales.

Servimos, una vez frías, con canela en polvo o galletas maría por encima.

Sugerencia:

Para obtener natillas de chocolate, fundir un poco de chocolate negro e incorporarlo a la mezcla.

Magdalenas

Ingredientes

- 1 taza de harina de repostería
- ½ sobre de levadura
- ½ taza de leche
- 2 cs de mayonesa
- ½ taza de queso tipo filadelfia

Elaboración

Precalentar en primer lugar el horno a 180 °C.

Mezclar luego la leche con el azúcar y el queso, añadir la mayonesa y batir bien. Por último, juntar con la harina y la levadura sin batir.

Rellenar con la preparación seis moldes de papel y cocer de 12 a 15 minutos.

Sugerencia: Si se desean rellenas, poner en las magdalenas un poco de mermelada de fresa o queso tipo filadelfia batido con azúcar.

reduce recicla reutiliza

Pudin de chocolate

Ingredientes

- 400 g de pan (en dados)
- 2 tazas de leche
- 2 tazas de nata
- 1 taza de azúcar
- 200 g de chocolate
- 6 huevos
- 1 ramita de vainilla o de canela
- Canela en polvo

Elaboración

Preparamos un molde para bizcocho, que revestimos con papel vegetal untado con una pizca de mantequilla.

Precalentamos luego el horno a 180 ºC.

En una cacerola mezclamos la leche, la nata, el azúcar y la canela. Lo templamos a fuego suave y, cuando comience a hervir, añadimos el chocolate rallado sin dejar de remover. Una vez diluido el chocolate, apartamos la cacerola del fuego. Batimos los huevos y los incorporamos poco a poco removiendo. Agregamos el pan, batimos todo bien y lo dejamos reposar 2 o 3 minutos.

Pasado este tiempo, lo vertemos en el molde y lo cocemos 45 minutos al horno.

Sugerencia:
Podemos adornar el pudin con unas virutas de chocolate y unas hojitas de menta.

postres

Pudin de pan

Ingredientes

- 200 g de pan
- 350 ml de leche
- 100 ml de nata
- 3 huevos
- 3 cs de azúcar
- 1 pasa de Corinto, o ciruelas remojadas
- 1 ramita de canela
- Almendras fileteadas
- Mantequilla para engrasar el molde

Elaboración

Ponemos a cocer la leche con la canela, y apagamos el fuego cuando haya hervido.

Desmigamos el pan aparte y lo reservamos.

En un bol, batimos los huevos con el azúcar. Añadimos luego la nata y batimos de nuevo. Vertemos la leche templada y batimos otra vez. Por último, agregamos el pan y mezclamos bien.

Forramos un molde rectangular con papel de horno y lo engrasamos con la mantequilla. Revestimos el fondo con las pasas o ciruelas y volcamos sobre ellas la preparación anterior. Decoramos la superficie con las almendras fileteadas y 3 o 4 avellanas de mantequilla.

Cocemos en el horno precalentado a 180 °C, durante 35-40 minutos. Estará bien hecho si, al pincharlo, el palillo sale seco. Dejamos que enfríe un poco, lo desmoldamos y le quitamos el papel.

Puede servirse templado o frío, acompañado por ejemplo de mermelada de melocotón.

Sugerencia:
El pan para confeccionar este pudin puede sustituirse por magdalenas.

reduce recicla reutiliza

Pudin de piña

Ingredientes

- 200 g de pan de molde
- 350 ml de leche
- 100 ml de nata
- 3 huevos
- 3 cs de azúcar
- 1 piña en lata
- 1 ramita de vainilla
- Mantequilla para engrasar el molde

Elaboración

Hervimos la leche con una vaina de vainilla partida a lo largo, la retiramos del fuego y la dejamos enfriar.

Cortamos la mitad de la piña en cuartos y la distribuimos cubriendo el fondo del molde.

En un bol ponemos la piña restante con los huevos, la leche (colada), la nata, el azúcar y el pan. Lo batimos todo muy bien, volcamos en el molde y cocemos la preparación al baño maría durante 40 minutos.

Sugerencia:
La piña que utilicemos para este pudin debe de ser en su jugo, no en almíbar, porque podría resultar demasiado dulce.

Torrijas de lujo

Ingredientes

- 1 barra de pan del día anterior
- 1 l de leche
- 2 huevos
- 150 g de azúcar
- Canela en polvo
- 3 ramitas de canela
- La cáscara de un limón pequeño
- La cáscara de una naranja pequeña
- Vainilla azucarada
- Sal
- Aceite

Almíbar

- 100 g de azúcar
- 3 gotas de limón
- 100 ml de agua
- 100 ml de zumo de naranja
- Canela molida

Elaboración

En una olla ponemos a calentar la leche con la corteza de limón, la de naranja, la canela en rama, el azúcar, una pizca de sal y la vainilla azucarada. Cuando arranque a hervir, bajamos el fuego casi al mínimo y dejamos 5 minutos sin parar de remover. Apartamos del fuego y dejamos que enfríe al menos 2 horas, para realzar así bien los sabores.

Cortamos el pan en rebanadas de un centímetro cada una. En un recipiente ponemos la leche colada, y en otro los huevos batidos. Las rebanadas se van sumergiendo en la leche (bien empapadas, pero que no se rompan) y pasando a un plato.

Ponemos al fuego una sartén con abundante aceite. Una vez bien caliente, tomamos las rebanadas ya empapadas en leche, las pasamos por el huevo batido y las vamos friendo. Cuando estén doraditas por ambos lados, las retiramos y depositamos sobre papel absorbente. Seguidamente, las rebozamos en azúcar y canela (una cucharadita de canela en polvo por cada 100 g de azúcar). Por último, las disponemos en una bandeja algo profunda y las bañamos con almíbar.

Preparación del almíbar: en un cazo echamos el azúcar con las gotas de limón y el agua, removemos y, cuando empiece a reducir, agregamos el zumo de naranja y un poco de canela; seguimos removiendo sin parar, hasta que obtengamos una solución algo espesa. (La mezcla del sabor dulce del almíbar con el ácido de los cítricos es el contraste que, precisamente, hace que estas torrijas sean «de lujo»).

reduce recicla reutiliza

Helado de turrón

Ingredientes

- Turrón (jijona, coco, yema...)
- ½ l de nata
- 4 huevos
- 2 cs de miel
- Sal y limón

Elaboración

Deshacemos el turrón en un recipiente. Montamos aparte la nata, sin azúcar, y luego la mezclamos bien con el turrón y la miel. Removemos a fondo y mantenemos la mezcla 3 horas en el congelador.

Cascamos los huevos y separamos las claras de las yemas. Montamos las claras a punto de nieve y les añadimos una pizca de sal y dos o tres gotas de limón. Incorporamos luego estas al turrón, volvemos a mezclarlo todo de nuevo y lo repartimos en moldes. Llevamos el helado al congelador y lo dejamos allí 3 horas más.

Sugerencia:

Podemos servirlo en copas con un toque de nata montada y un chorrito de *Pedro Ximénez*.
Es una buena manera de aprovechar esa tableta de turrón que quedó de las últimas navidades.

Fondo de despensa

Con un buen fondo de despensa se ahorra mucho tiempo y dinero. Por ello, a continuación, os marcamos unas pautas para que la despensa funcione lo mejor posible:

- Procurad tener la despensa organizada: será más fácil localizar los alimentos y saber qué falta, e intentaremos colocar delante los productos que vayan a caducar antes.

- Observad periódicamente todos los productos para que no falte ningún alimento: revisad las fechas de consumo preferente y caducidad e ir elaborando la lista de la compra.

Aceites

Es imprescindible contar con al menos tres tipos de aceite: para ensaladas, tostadas y aliños especiales, recomendamos utilizar aceite de oliva virgen; para freír, estofar, rehogar y guisar es ideal el aceite de oliva; pero para mahonesas, ajo blanco y repostería se requiere un aceite de sabor neutro como es el aceite de girasol o maíz.

- Aceite de girasol
- Aceite de oliva
- Aceite de oliva virgen

Envasados

Esta lista de productos envasados ha de adaptarse al espacio disponible en cada despensa:

- Aceitunas
- Arroz
- Café/té
- Cebolletas en vinagre
- Chocolate
- Conservas
- Conservas de pescado (atún, sardinas, anchoas…)
- Frutas en almíbar: piña en su jugo, melocotón en almíbar…
- Garbanzos cocidos
- Gelatina
- Guisantes
- Harina de trigo
- Harina para rebozados

- Judías blancas cocidas
- Leche
- Levadura
- Maicena
- Maíz cocido
- Pan de molde
- Pan rallado
- Pastas variadas: espaguetis, fideos, tallarines, macarrones…
- Pepinillos agridulces
- Pimientos del piquillo
- Tomate natural triturado
- Vino blanco
- Vinos

Frutas y verduras

Productos como naranjas, limones, etcétera., pueden estar en un frutero, en la cocina o bien en el frigorífico:

- Ajos
- Cebollas
- Frutos secos: almendras, nueces, cacahuetes
- Limones
- Manzanas
- Naranjas
- Patatas
- Plátanos

Especias y condimentos

Las especias y los condimentos son imprescindibles en la cocina, pero a su vez la lista es personalizable: se pueden retirar o añadir las que se quiera de la siguiente lista. También hay que revisar la caducidad de las especias, porque con el tiempo pierden su aroma.

- Azafrán
- Azúcar
- Azúcar de vainilla
- Canela
- Canela en rama
- Clavo
- Comino en polvo
- Curry
- Guindillas
- Laurel
- Miel
- Nuez moscada
- Orégano
- Perejil
- Pimienta
- Pimentón
- Romero
- Sal
- Tomillo
- Vinagre balsámico de Módena
- Vinagre de jerez
- Vinagre de sidra
- Vinagre de vino

Salsas (una vez abiertas, se conservan en la nevera):

- Kétchup
- Mahonesa
- Mostaza
- Tártara
- Tomate frito

Fondo de nevera

En un buen **FONDO DE NEVERA** habrá productos de caducidad variable, pero imprescindibles en la cocina cotidiana. También debemos guardar en la nevera todos aquellos envases que han sido abiertos. Una buena organización ayuda a que sepamos lo que hay en ella, y así evitamos que se nos olviden los alimentos y que se estropeen. A continuación, reseñamos una serie de alimentos que no pueden faltar en la nevera:

Alimentos congelados

Si disponemos de espacio en el congelador, es recomendable contar con productos como:

- Bases de pizza
- Espinacas
- Gambas o langostinos
- Masa de hojaldre
- Palitos de cangrejo

Embutidos

- Chorizo, fuet, salchichón o longaniza
- Jamón cocido o pechuga de pavo
- Jamón serrano, panceta o beicon
- Salchichas

Lácteos y huevos

Hay productos –como la leche esterilizada y algunos tipos de yogures– que pueden mantenerse perfectamente fuera de la nevera, pero que una vez abiertos necesitan conservarse en frío. Sin embargo, la mayoría de los yogures, la leche pasteurizada, los huevos, etcétera., deben conservarse siempre en el frigorífico:

- Huevos
- Leche
- Mantequilla o margarina
- Nata líquida
- Quesos
- Yogures

Verduras, hortalizas y frutas

- Cebolletas
- Lechuga
- Limones
- Pimiento verde
- Puerros
- Tomates
- Zanahoria

 # Tiempo de los alimentos en la nevera y en el congelador

No siempre conocemos el tiempo que deben estar los alimentos en la nevera o en el congelador, para mantenerlos en perfecto estado de consumición.

A continuación os facilitamos una tabla de tiempos para una mejor conservación:

	Frigorífico	Congelador
Carne picada	1-2 días	3-4 meses
Chuletas de cerdo	2-4 días	4-6 meses
Fiambre y embutidos	3-6 días	1-2 meses
Filetes de ternera	2-4 días	6-12 meses
Huevos	3 semanas	No
Leche fresca abierta	1-2 días	3 meses
Mantequilla	3-4 semanas	6-8 meses
Mayonesa (tarro abierto)	1 mes	No
Pan	No	3-6 meses
Pescado azul	1-2 días	3 meses
Pescado blanco	1-2 días	6 meses
Platos preparados	2-4 días	3-4 meses
Pollo o pavo	1-2 días	12 meses
Salchichas frescas	1-2 días	1-2 meses
Salsas y caldo de carne	2-3 días	2-3 meses
Sopas	2-4 días	2-3 meses

índice alfabético